Nicole Paquette

LL A 9847 77

LE MASSAGE TOTAL

RICHARD JACKSON

LE MASSAGE TOTAL

Pour un équilibre entre le corps et l'esprit

Traduit de l'anglais par Paul COUTURIAU

Collection « Équilibre »

ÉDITIONS DU ROCHER
28, rue Comte-Félix-Gastaldi - Monaco

ISBN 2-268-00230-6

REMERCIEMENTS

Plusieurs personnes m'ont aidé à rédiger ce livre. Je tiens tout d'abord à exprimer ma gratitude à Selby Smith. Sans lui, je ne me serais jamais lancé dans ce projet. Non seulement il m'encouragea à coucher mes idées par écrit, mais encore il me guida tout au long de mes mois d'écriture en critiquant mon travail et en me gratifiant d'innombrables suggestions. Son soutien de tous les instants me fut d'un grand secours.

Un autre ami, Michael Flavin, mérite lui aussi ma reconnaissance profonde et sincère. Il consacra des semaines à revoir le manuscrit, à me conseiller et à écrire le dernier chapitre. S'il m'est jamais donné de réussir à construire une phrase correcte, c'est bien à lui que je le devrai.

Je remercie également Bill Paff qui m'aida à voir dans le massage autre chose qu'une simple expérience mécanique. Sa sensibilité et son savoir favorisèrent la naissance du massage holistique.

Merci également à Bonnie Timmons et Dennis Forbis qui réalisèrent les illustrations. Celles-ci représentent de longues journées d'un labeur ardu. Bonnie fut une source d'inspiration précieuse et ses réactions me furent des plus utiles lors du peaufinage de la version définitive de ce livre.

En plus des gens déjà mentionnés, je tiens à associer à ces remerciements : Holly, Tom, Kathy, Lisette, Peggy, Richard et Kris qui relirent le manuscrit et m'apportèrent leurs critiques constructives.

Une mention particulière pour ma femme, Kathy, qui passa de nombreuses heures à taper ce manuscrit, à le retaper et à le reretaper. Elle m'a toujours encouragé à écrire et lorsque je me suis, finalement, jeté à l'eau, elle n'a jamais remis en question ce que je faisais. De toutes les aides que j'ai reçues, la sienne fut certainement la plus précieuse.

PRÉFACE

Le massage holistique[1] se scinde en trois parties — l'esprit, le corps et l'âme. Cette présentation est en parfait accord avec la philosophie holistique qui considère la santé comme un état d'équilibre entre ces trois aspects de la vie.

Première partie : « L'esprit : aspects du massage holistique ». Lorsque des amis me questionnent sur ce livre, je leur réponds qu'il s'agit d'un manuel traitant de la santé par le biais du massage.

La différence entre le massage conventionnel et le massage holistique est que ce dernier intègre les techniques classiques dans le cadre d'une nouvelle philosophie considérant l'être humain comme un ensemble *(holos)*. Il ne faut surtout pas considérer le massage comme un art purement mécanique. Lorsqu'on ajoute une dimension holistique à la technique de base, le massage devient un véritable processus de santé dynamique.

Vous trouverez ici de nombreux exercices de conscience de soi visant à renforcer le matériau théorique.

[1] Du grec *holos* (ensemble, tout).

Je vous engage très vivement à les effectuer si vous désirez sincèrement « vivre » un massage holistique et ne pas vous contenter de comprendre son principe d'une manière essentiellement intellectuelle.

Jusqu'à ce jour, la théorie holistique n'est pas mise en pratique dans les disciplines médicales et paramédicales officielles. Elle s'affirme plutôt à travers une série d'excellents ouvrages consacrés à l'examen et à la critique de notre système de soins actuels [1].

Une nouvelle vision de la santé, de la maladie et des divers systèmes de soins semble se dessiner mais personne n'a encore précisé *comment* ces idées pouvaient être concrétisées. Je me suis donc efforcé de combler cette lacune ; du moins, dans le cadre restreint de mon sujet.

Deuxième partie : « Le corps : technique du massage ». Si la seule chose qui vous intéresse en ouvrant ce livre est de pouvoir dispenser un massage conventionnel, alors passez sans plus attendre à cette partie. Vous y trouverez l'essence même d'une technique de massage efficace. En quelques pages, vous découvrirez toutes les notions nécessaires pour réaliser un massage de qualité.

La technique du massage est relativement simple à acquérir. Il suffit d'apprendre à maîtriser quelques mouvements élémentaires. Les livres traitant du sujet ont souvent le défaut d'assommer le débutant par une longue énumération de mouvements compliqués. Je

(1) L'ouvrage le plus documenté sur la question est sans doute celui du Dr Kenneth Pelletier « *La Médecine holistique* », paru en 1981 aux *Éditions du Rocher*. Le Dr Pelletier expose dans cet ouvrage — de manière claire et complète — les bases de cette nouvelle conception de la médecine. Il met à nu les carences du système médical actuel et analyse les propositions alternatives visant à mettre au point une prévention réelle et à améliorer la qualité de notre santé en réduisant les coûts des soins (Ndt).

crois que cette tendance est fâcheuse ; elle obscurcit le problème plus qu'elle ne l'éclaire. Il est essentiel de bien comprendre la structure logique, fondamentale du massage ; ensuite, les divers mouvements possibles s'imposeront d'eux-mêmes. En tout, l'expérience demeure le meilleur professeur.

La deuxième partie vous apportera donc un aperçu structural du massage holistique, mais il vous faudra attendre la troisième pour en savoir plus sur les techniques de concentration (un élément essentiel du massage holistique).

Troisième partie : « L'âme : les expériences d'un massage holistique ». Cette dernière partie fut d'une rédaction particulièrement complexe. Michael, un de mes très bons amis et auteur du dernier chapitre « Le Receveur », rencontra bien des difficultés. Les mots font défaut quand il est question d'exprimer des concepts et des sentiments spirituels. Mais qu'entend-on exactement par « *spirituel* » ? Nous avons tous une conception particulière de cet aspect de la vie. Il est certain que l'expérience de l'un ne correspond jamais précisément à celle de l'autre. Qui plus est, les expériences du *donneur* et celles du *receveur* dépendent pour beaucoup du lieu, de l'atmosphère et des circonstances. Leur formation et leurs convictions personnelles ne peuvent être négligées. Pourtant, il est un point capital dont il faut bien nous imprégner : la conception que nous avons de la spiritualité est un aspect essentiel de l'expérience du massage total. Que l'on choisisse de suivre ces voies est une question de choix personnel mais il faut savoir qu'elles existent pour ceux qui sont disposés à les emprunter.

J'ai inclus dans cette troisième partie un chapitre préliminaire, « La méditation et la concentration ». Celui-ci, combiné avec les deux premières parties du livre, vous permettra de prendre conscience des possibilités mentales et spirituelles du massage holistique. Les deux derniers chapitres, « Le Donneur » et « Le Receveur », ne présentent pas une description exhaustive des expériences que peuvent connaître les partenaires d'une séance de massage. Il importe de les considérer comme un guide informatif et non comme un modèle à suivre au pied de la lettre.

Le meilleur conseil que je puisse vous donner à ce stade est de considérer ce manuel comme un tout. Lisez-le de la première à la dernière ligne avant d'essayer de comprendre ce qu'est le massage holistique. Prenez soin de faire les multiples exercices proposés dans ces pages. Laissez l'approche holistique se développer et s'affirmer au fur et à mesure que vous vous développerez et vous affirmerez par la pratique. Vous découvrirez bien des concepts nouveaux et ce sera à vous de les intégrer progressivement dans l'expérience du massage. La santé et le massage holistiques ne sont pas des panacées à tous nos maux. Ils suggèrent plutôt une nouvelle manière d'envisager la santé ; ils proposent une nouvelle façon d'appréhender notre condition.

« I get by with a little help from my friends [1]. »

---

(1) Est-il encore besoin de traduire cette phrase (Je m'en sors grâce à l'aide de mes amis) et de préciser qu'elle est tirée d'une chanson des Beatles ? (Ndt).

PREMIÈRE PARTIE

L'ESPRIT :
ASPECTS DU MASSAGE HOLISTIQUE

« C'est une erreur de penser que le seul moyen d'aider un homme malade est de supprimer sa maladie... »
Rolling THUNDER

1

SANTÉ ET MASSAGE HOLISTIQUES

La médecine est en pleine mutation. Nous assistons, aujourd'hui, à une remise en question des attitudes à l'égard des soins. Celle-ci, d'une part, nous ramène dans le passé vers une forme de soins plus personnalisés et, d'autre part, nous projette dans le futur vers de nouvelles conceptions de la santé et des soins. Le terme s'appliquant à cette nouvelle vision est « holistique », du grec *holos* (tout, ensemble). Il s'appuie sur la conviction qu'un tout organique ou intégré possède une réalité indépendante de — et supérieure à — la somme de ses parties. Cette plus grande réalité de chaque « tout » — y compris de la santé et du massage holistiques — ne peut être pleinement appréhendée que s'il existe une conscience et une compréhension des multiples aspects ou composants compris dans ce tout. Il me semble que le meilleur moyen de faire percevoir ces multiples aspects est de comparer la philosophie de la santé holistique et la pratique médicale actuelle.

Considérons pour commencer la définition holistique de la santé. Nous constaterons qu'il ne s'agit pas uniquement d'une absence de maladie. C'est un processus dynamique et *non* un état statique. Il existe des degrés différents de santé et chaque individu a la liberté de décider du sien propre. Aujourd'hui, nous avons tendance à isoler une maladie et à nous concentrer sur elle, affirmant que nous sommes malades au lieu de considérer l'ensemble des aspects de notre état et de conclure que l'équilibre total penche nettement du côté de la santé.

Le praticien holistique s'intéresse à la maladie par rapport à l'organisme dans son ensemble. La santé est, alors, considérée comme un état d'équilibre entre les aspects physiques, mentaux et spirituels de la vie. Si cet équilibre est perturbé, la maladie s'installe. En réalité, l'individu est le seul à pouvoir préserver son équilibre. C'est en lui que l'on trouvera la cause de la plupart des maladies ; en lui et dans sa relation avec l'environnement et les autres. Traiter des symptômes n'est pas suffisant. L'important est d'éliminer la cause de la maladie et cela, seul l'individu peut y parvenir. Il arrive que la maladie soit provoquée par une force externe telle qu'un microbe ou un virus mais la cause ultime est toujours à rechercher dans l'individu. Il est grand temps que nous revoyions notre conviction selon laquelle nous serions à la merci d'agressions aveugles de maladies ou d'organismes morbides. Si nous nous fions à cette hypothèse nous n'avons aucune responsabilité quant à notre santé. Et, en fait, c'est bien le sentiment généralement répandu dans le public. Pour lui, l'apparition d'une maladie est purement fortuite et la guérison dépend entièrement du médecin. L'individu est ainsi transformé en un spectateur passif. Le modèle médical occidental se perpétue et se propage de lui-même, pour la simple raison qu'il prive les individus de leurs capacités naturelles à se guérir librement. Des études ont mon-

16

tré que les principaux déterminants de la santé sont les habitudes personnelles liées à l'alimentation, à la boisson, au fait de fumer, etc., aux facteurs environnementaux, et surtout à nos convictions et à nos attitudes face à la vie. Tous ces facteurs sont sous le contrôle de l'individu et *non* de la communauté médicale. C'est l'individu qui doit prendre les mesures nécessaires lui permettant de retrouver, de préserver et de maintenir sa santé.

La philosophie holistique considère l'organisme comme un système énergétique dynamique en perpétuelle évolution. Les êtres humains sont plus que des corps physiques. Chacun de nous *est* un équilibre complexe entre des aspects mentaux, physiques et spirituels s'intégrant à des facteurs environnementaux et sociaux et subissant l'influence de ces derniers. L'ensemble esprit/corps/âme ne peut être fragmenté ou isolé ; la cause de la maladie est beaucoup plus importante que les symptômes extérieurs. Cette attitude va à l'encontre tant de la théorie que de la pratique médicales actuelles qui ont tendance à diviser le corps. Nous vivons dans une ère de spécialisation ; et ceci n'est pas l'apanage de la médecine, c'est une caractéristique de la science dans son ensemble. Chaque partie du corps est considérée et traitée comme une entité distincte du reste de l'organisme. Les chercheurs prennent grand soin d'isoler la variable qu'ils étudient et d'éliminer toutes les autres. Leurs expériences sont menées avec une stérilité et un détachement tels que leurs résultats sont dépourvus de la moindre valeur pratique dans la vie courante. Non contente de fragmenter l'organisme physique, notre approche « moderne » divise l'unité humaine en ses aspects physiques, mentaux et spirituels. Il n'est pas rare, de nos jours, que la recherche comme les traitements « dissèquent » le corps plus qu'ils ne l'intègrent et ne le considèrent comme un ensemble. Les études prenant en considération des variables émotionnelles et environnementales et d'autres données subjectives sont considérées avec suspicion.

La médecine occidentale a exploré et technologiquement affiné trois secteurs de soins : la diagnose, la médication/chimiothérapie et la chirurgie, ignorant littéralement les autres approches importantes de la maladie et de la santé. Comparativement, elle a peu fait pour améliorer l'état de santé général de la population et trouver les *causes réelles* de la maladie qui permettraient de la traiter efficacement. A ce jour, la seule cause que nous ayons jamais trouvée porte le nom de *théorie microbienne* et nous la devons à Pasteur. Malheureusement, elle aussi laisse à penser que la maladie est due à des micro-organismes qui nous assaillent sans raison et sans provocation préalable dans le seul but de nous rendre malades. Bien sûr, les médecins ne croient pas que *toutes* les maladies et affections sont à mettre sur le compte des microbes. Toutefois, s'ils ne parviennent pas à déceler une invasion micro-organique — comme dans le cas de cancers, de maladies cardiaques et de nombreuses scléroses — ils parlent de « causes inconnues ». Ce succès de la « cause inconnue » est compréhensible, une fois qu'on a posé que la science médicale s'intéresse plus aux *effets,* ou symptômes, qu'aux causes réelles. Il est en effet plus facile d'étudier un élément visible (le symptôme) plutôt qu'un élément sous-jacent (la cause). Mais, les hypothèses de départ de la médecine concernant le corps sont également fausses. Tant que les médecins ne reverront pas les idées

18

admises concernant la structure et le fonctionnement de l'organisme, tant qu'ils ne considéreront pas ce dernier comme un ensemble équilibré en interaction étroite avec son environnement, les professionnels « modernes » de la médecine ne pourront espérer réaliser de sérieux progrès dans la compréhension du processus de la maladie. Il importe également de restructurer les règles de la méthodologie et de l'investigation scientifiques afin d'y inclure des variables essentielles et pourtant ignorées à ce jour.

L'approche holistique du traitement repose sur deux éléments capitaux : 1° la recherche de la cause de la maladie soit au sein même de l'individu, soit dans sa relation avec l'environnement et 2° l'élimination de cette cause. L'éducation joue un rôle déterminant dans ce genre de traitement. Le patient a la responsabilité de sa santé — bonne ou mauvaise — et le praticien, quant à lui, a celle de dispenser au patient la connaissance et les outils dont celui-ci a besoin pour modifier positivement son comportement. Les médecins holistiques ont pour tâche de favoriser la santé. Leur méthode de traitement demande du temps mais leurs résultats sont souvent plus efficaces et plus durables que cèux obtenus dans le cadre de notre système de soins actuel, reposant essentiellement sur les symptômes. Il est, en particulier, à déplorer que dans ce système dominant les drogues utilisées affaiblissent le système de défense normal de l'organisme. Celui-ci perd donc son aptitude à se guérir lui-même ; par conséquent, il a toujours besoin de plus de drogues. Ce qui est encore plus regrettable, c'est que la majorité d'entre elles engendrent des effets secondaires plus graves que la maladie qu'elles sont censées guérir. Nous vivons dans une société littéralement intoxiquée par les médicaments. Le fait est que ceux-ci ont rarement un effet curatif quelconque. Ils se contentent le plus souvent de masquer les symptômes et de rendre la maladie plus tolérable.

Le praticien holistique s'intéresse avant tout à la prévention — élément à peine envisagé dans la pratique médicale actuelle. Les « checks-up » annuels auxquels nous pouvons nous soumettre n'ont rien à voir avec une prévention réelle. Celle-ci inclut l'éducation et la notion de responsabilité individuelle. Il est capital de bien comprendre que la prévention active et la préservation de la santé font partie intégrante du système de *soins*. Un point que la pratique actuelle semble ignorer.

Cette vision erronée de la médecine occidentale vient compliquer une situation dans laquelle l'individu devient de plus en plus dépendant des médecins et des drogues pour préserver sa santé. Il n'est pas considéré comme étant à l'origine de son état de santé, on ne prend donc pas la peine de lui inculquer le sens des responsabilités.

Le drame — et le mot n'est pas trop fort — c'est que la pensée médicale occidentale dominante est approuvée et encouragée par les gouvernements et les divers systèmes de sécurité sociale. Dans de telles conditions comment pourrait-on espérer voir s'amorcer un changement d'attitudes significatif ? On nous a conditionné à croire que la santé et la maladie étaient des concepts bien trop compliqués pour que nous puissions espérer les comprendre un jour. Seul le médecin, détenteur d'un savoir apparemment « infini » peut nous « guérir ». Le moindre déséquilibre organique est une raison suffisante pour consulter un médecin. Nous respectons, généralement, ses prescriptions à la lettre et sans nous poser la moindre question ; nous avalons toute pilule en accord avec l'ordonnance. En conséquence nous devenons effectivement irresponsables quant il s'agit de notre état de santé.

Que connaissez-vous de votre organisme et de son fonctionnement ? Je suis prêt à parier que vous en savez plus sur le monde extérieur. Or, qu'y a-t-il, en réalité, de plus important ?

Le massage holistique est une forme d'expression de la philosophie holistique de la santé. Il implique deux individus travaillant ensemble sur des plans physiques *et autres* dans le but de susciter des modifications positives, *mutuelles*. Cette optique diffère de celle du massage conventionnel, où un receveur passif abandonne sa responsabilité à un donneur actif censé posséder le pouvoir de soulager son malaise à l'aide de manipulations directes. Il se peut que le massage conventionnel ne s'applique pas toujours à traiter des problèmes de santé mais il n'en demeure pas moins vrai que, dans tous les cas, le receveur se soumet au donneur. Le caractère unique de la philosophie et de la technique du massage holistique est qu'elles encouragent le receveur à ne pas abdiquer la responsabilité de sa santé mais, au contraire, à l'assumer pleinement. Le receveur est un partenaire égal et également actif dans la pratique du massage.

Le massage holistique est un art qui s'efforce de stimuler l'indépendance, l'exploration et la découverte de soi tant chez le receveur que chez le donneur. La créativité, l'image de soi et l'expansion de conscience font partie intégrante du massage holistique et les exercices proposés dans ce livre vous aideront à découvrir comment adapter ces différents aspects à toutes vos actions.

Ce manuel vise à fournir au lecteur une *compréhension* réelle des composants essentiels du massage et à lui suggérer une structure de base qu'il pourra suivre sans difficulté. Certains ouvrages présentent de longues descriptions de systèmes complexes, allant parfois jusqu'à enseigner quatre-vingts mouvements différents. Il me paraît, cependant, beaucoup plus important de comprendre pourquoi on fait telle chose plutôt que de mémoriser des descriptions détaillées. Un livre qui s'appesantit sur le côté technique oblige le lecteur à digérer passivement un système précis.

La médecine évolue vers la prise de responsabilité personnelle ainsi que nous l'avons vu. Avec cet ouvrage, je désire vous livrer l'information indispensable si vous choisissez d'accepter de suivre cette voie nouvelle et d'assumer la responsabilité de votre santé. J'ai traité des individus malades pendant des années et j'ai eu amplement l'occasion de vérifier que le massage holistique est l'une des méthodes les plus efficaces pour aider les gens à faire face à leurs responsabilités. Cette expérience fut également très enrichissante pour moi et je souhaite partager avec vous ce que la pratique m'a enseigné.

2

LA RESPIRATION

Bien respirer est un élément essentiel du massage et de la santé holistiques. C'est le point de départ de tous les exercices décrits dans ce livre, c'est la première chose que j'enseigne à mes élèves.

Un dicton yogi affirme que « Bien respirer, c'est vivre ». Et, affirmer que si nous ne respirons pas nous mourons est une délicieuse lapalissade. L'air renferme de l'oxygène indispensable au fonctionnement de toute cellule. C'est le sang qui conduit l'oxygène aux cellules et, après l'y avoir libéré, c'est toujours lui qui véhicule les déchets gazeux vers les poumons qui se chargent de les expulser dans l'atmosphère. La quantité d'oxygène dispensée à l'organisme est directement liée à la quantité d'air fournie aux poumons par chaque inspiration. Une mauvaise respiration entraîne une mauvaise aération des poumons, ce qui a pour effet de réduire la capacité de l'organisme à réagir aux besoins quotidiens créés par l'activité. L'aptitude du corps à fonctionner sainement dépend donc directement de la quantité d'oxygène reçue ; de mauvaises habitudes respiratoires réduisent la masse d'oxygène inspirée entraînant une diminution conséquente de la capacité du corps à fonctionner efficacement.

Les poumons remplissent pratiquement toute la cage thoracique. Un muscle aplati et mince sépare le thorax de l'abdomen — le diaphragme — c'est en fait le plus important pour une bonne respiration. Le diaphragme est structuré de manière à faire fonctionner les poumons comme un ensemble de soufflets. Il s'abaisse durant l'inspiration, produisant un effet de succion. De cette manière, il aspire l'air jusque dans les lobes inférieurs des poumons situés au bas de la cage thoracique ; les poumons se remplissent donc du bas vers le haut. Une fois que le diaphragme a atteint son point le plus bas, les muscles intercostaux entrent en jeu pour dilater plus encore les poumons et aspirer plus l'air. Cette descente du diaphragme gonfle l'estomac. L'ensemble du processus devrait être parfaitement normal et automatique ; la respiration devrait être un acte « involontaire ». Malheureusement, la majorité d'entre nous a inconsciemment appris à respirer différemment. Je qualifierai ces habitudes malsaines de « respiration thoracique ». Nous utilisons, aujourd'hui, notre diaphragme de manière opposée au processus que je viens de décrire. Dans la respiration thoracique, le diaphragme se soulève durant l'inspiration supprimant ainsi l'effet de soufflets (cf. Figure 1). Surveillez donc votre façon de respirer afin de déterminer si vous avez ou non contracté cette mauvaise habitude. Mauvaise, en effet ! Le diaphragme souffre de cette façon de respirer. Il est mal utilisé et parfois il n'est pas utilisé du tout. Nous devons donc réapprendre à respirer. La formule stupide du « Rentrez l'estomac et gonflez la poitrine », chère à maintes institutions publiques, a engendré une nation d'individus souffrant d'une inhibition de la respiration.

24

Exercice

La façon naturelle de respirer est appelée « respiration diaphragmatique ».

Placez les mains sur votre abdomen et inspirez profondément ; vous remarquerez ainsi si elles se soulèvent ou s'abaissent durant ce mouvement. Si votre estomac « rentre » pendant l'inspiration, alors vous fatiguez inutilement vos muscles intercostaux et vos poumons perdent de leur efficacité. Essayez maintenant de réaliser l'exercice suivant : Commencez par expirer tout l'air contenu dans vos poumons. Ensuite, inspirez et efforcez-vous de diriger l'air le plus bas possible dans votre abdomen de façon à ce que vos mains se soulèvent. Sans doute trouverez-vous cela étrange, au début mais persévérez. Une erreur fréquente est d'essayer « trop fort ». Une fois que votre abdomen sera rempli à son maximum, marquez une pause puis laissez l'élasticité naturelle de vos poumons libérer l'air inspiré. Tout en expirant, détendez vos muscles et relâchez la tension de votre corps. Poursuivez cet exercice de manière détendue jusqu'à ce que cette façon de respirer devienne pour vous naturelle. Surveillez régulièrement votre respiration pendant la journée et bientôt cette technique saine et décontractée deviendra une véritable habitude, un mode de vie.

La respiration thoracique est une réponse naturelle à l'excitation tout en étant très stimulante. La respiration diaphragmatique, par contre, a pour effet de calmer et de détendre l'organisme aussi bien que l'esprit. Utilisez-la donc souvent.

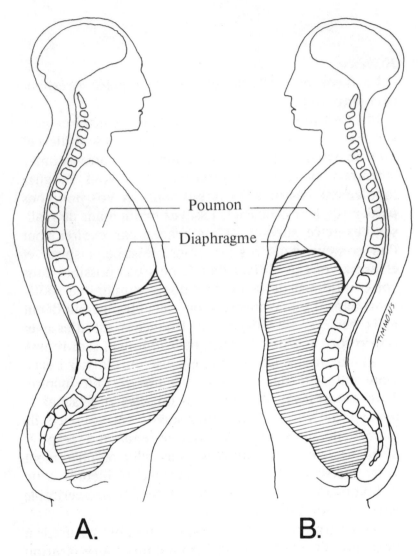

Poumon

Diaphragme

A.

B.

Figure 1. — **Le diaphragme.** (A) Le diaphragme pleinement dilaté durant une respiration diaphragmatique. (B) Le diaphragme tel qu'il apparaît durant la respiration thoracique. Comparez la différence de volume des poumons.

Exercice

La respiration rythmique, consistant à respirer en harmonie avec le rythme (les mouvements) de votre corps, est rarement considérée dans notre société tournée vers les activités physiques. Respirer en harmonie avec le mouvement de son corps est très efficace en termes de force et d'énergie. Pour percevoir ce rythme, placez-vous face à un mur dans la position que vous adopteriez si vous aviez l'intention de le repousser. Commencez par vider l'air de vos poumons. Puis, tout en inspirant, poussez de toutes vos forces sur le mur. Détendez-vous le temps de quelques respirations. Inspirez de nouveau profondément et en expirant répétez l'exercice consistant à repousser le mur. Comparez la force que vous réussissez à déployer en inspirant à celle déployée en expirant. Répétez plusieurs fois cet exercice.

Imaginez l'inspiration comme un rassemblement d'énergie vers l'intérieur et l'expiration comme une libération d'énergie vers l'extérieur. Les mouvements nécessitant un effort physique sont facilités si vous les accompagnez d'une expiration. Ce petit exercice vous permettra de le constater par vous-même. Dans le massage holistique — comme dans toute forme de mouvement — il est possible de contrôler et de diriger l'énergie au moyen de la respiration rythmique. Il est donc important de s'attarder quelque peu sur cette technique afin que vous en compreniez bien le fonctionnement.

La respiration rythmique se base généralement sur le rythme cardiaque. L'expiration doit être approximativement deux fois plus longue que l'inspiration. C'est-à-dire que si l'inspiration correspond à quatre battements, l'expiration, quant à elle, devrait se poursuivre le temps de huit battements. Voilà la technique respiratoire que vous utiliserez pendant un massage holistique ; vous modèlerez votre respiration en fonction du rythme des mouvements de votre corps. Cette façon de faire vous aidera à diriger vos énergies physiques et à libérer votre esprit de sorte que vous puissiez vous concentrer sur l'expérience en cours.

N'oubliez pas : toute expression d'énergie physique doit, aussi souvent que possible, s'accompagner d'une expiration.

En résumé, on peut utiliser quatre techniques de respiration différentes, compte tenu du résultat escompté.

1° *La respiration diaphragmatique étroite,* ce devrait être la plus courante, celle que vous devriez employer naturellement durant vos activités quotidiennes.

2° *La respiration diaphragmatique profonde,* excellente pour libérer la tension et détendre le corps.

3° *La respiration rythmique,* il s'agit, en fait, d'une respiration diaphragmatique profonde réalisée en harmonie avec la cadence interne individuelle ; lorsqu'une respiration rythmique accompagne un mouvement, alors l'inspiration et l'expiration se règlent sur l'effort physique demandé.

4° *La respiration thoracique étroite,* c'est une réponse naturelle à l'excitation ; il ne faudrait donc jamais la considérer comme une respiration normale durant l'activité quotidienne.

3

LA TENSION ET LA DOULEUR MUSCULAIRES

Exercice

Adoptez une position confortable, de préférence étendue, et fermez les yeux. Concentrez votre attention sur votre tête et sur votre visage ; prenez une profonde respiration diaphragmatique. Notez toute tension musculaire et libérez-la en expirant. Poursuivez cet exercice jusqu'à ce que votre front, votre tête, votre visage et vos mâchoires soient parfaitement détendus.

Ensuite, concentrez-vous sur votre cou et vos épaules, notez toute tension les contractant. Respirez profondément comme auparavant et relâchez toute votre tension en expirant.

Répétez cette procédure pour chaque bras, puis pour votre poitrine et l'abdomen ; passez ensuite aux fesses, aux cuisses, aux jambes et finalement aux pieds. Prenez votre temps et essayez de développer une conscience interne de vos muscles. A chaque expiration, détendez-vous complètement. Pensez à vous fondre dans le sol, à vous y intégrer. La première fois que vous vous livrerez à cet exercice de relaxation, il devrait vous prendre approximativement trente minutes.

Si vous êtes comme la plupart des gens, vous constaterez que votre organisme renferme une masse de tension considérable. La tension nerveuse se manifeste sous forme de contractions musculaires. Un certain degré de tension musculaire est indispensable ; c'est elle qui nous maintient debout. Si, ayant réalisé l'exercice précédent, vous essayiez de le répéter debout et non plus couché, vous ne tarderiez pas à vous écrouler sur le sol. Le bon fonctionnement de notre organisme exige des tensions d'intensité variable. Le problème, c'est que la majorité d'entre nous emmaganise plus de tensions qu'il n'est nécessaire.

Faites-en l'expérience vous-même. Quoi que vous fassiez, en ce moment, concentrez-vous sur vos épaules. Ne sont-elles pas tendues ? Et votre front ? Ou encore vos muscles oculaires ?

Exercice

Levez un bras au-dessus de la tête. Abaissez-le et recommencez plusieurs fois de suite. Mesurez les efforts que ce simple geste vous demande. Maintenant, essayez de lever le même bras en utilisant le moins de tension musculaire possible. Vous remarquez la différence ?

Essayez ainsi de prendre conscience de la masse d'énergie que vous gaspillez en une journée. Le plus souvent nous fatiguons nos muscles beaucoup plus que nécessaire, que ce soit pour nous lever, nous asseoir ou nous déplacer. Un corps normal aura tendance à dépenser un minimum d'énergie dans chacune de ces actions mais nous ignorons cela. D'une certaine manière, nous ignorons le rythme naturel de notre corps et nous lui en imposons un autre, purement artificiel.

30

Les muscles sont contrôlés par les nerfs. Pour certains muscles, ce contrôle est *volontaire*, pour d'autres il est *involontaire*. Les progrès réalisés en matière de biofeedback [1] ont prouvé que nous pouvions apprendre à contrôler volontairement ces muscles dont le fonctionnement est apparemment involontaire.

Lorsqu'un nerf transmet une impulsion, le muscle se contracte. Or, l'exercice précédent nous a montré que nous pouvions contrôler « consciemment » le degré de contraction musculaire. En prenant conscience de vos activités et de vos mouvements quotidiens, vous pouvez en arriver à éliminer toute tension volontaire excessive. Cette conscience accrue de vous-même vous aidera à réduire la tension musculaire et l'énergie gaspillée. Pour en arriver à éliminer la tension musculaire provoquée par des actions involontaires ou inconscientes, il nous faut tout d'abord étudier et comprendre le processus auquel répondent ces mouvements.

Comment réagissez-vous lorsque vous êtes effrayé, furieux, frustré, nerveux ou tendu ? Ces émotions engendrent une augmentation inconsciente de la tension musculaire ; celle-ci se concentre, généralement, sur les épaules, le visage et la partie supérieure du buste. Elles s'accompagnent de plus d'une respiration thoracique étroite. Commencez par vous concentrer plusieurs fois par jour sur vos épaules et notez la quantité de tension inutile que vous y décelez. Vous constaterez, par exemple, qu'elles sont bien souvent tendues lorsque vous vous trouvez au volant ; c'est parfaitement inutile.

Repensez à votre vie. Comment réagissez-vous face à

(1) *Biofeedback :* effet de rétro-action de la pensée sur le biologique, avec ajustement permanent (Ndt).

une situation émotionnellement pénible ? Souvenez-vous d'une occasion où vous étiez particulièrement embarrassé, humilié ou fâché. Comment votre organisme a-t-il réagi ? Explorez votre passé et votre présent et efforcez-vous de vous rappeler la manière dont votre corps s'est comporté dans les moments les plus perturbés. Si vous êtes semblables à la plupart des gens, vous avez inconsciemment tendance à l'utiliser comme un bouclier. Vous tendez vos muscles, vous changez de position de manière à adopter une attitude plus défensive. Cette modification peut être mineure ; une façon de placer la tête ou les épaules. Peu importe, un changement se produit ! Nos tensions et nos réactions émotionnelles aux situations sont déterminées très tôt dans notre vie. Mais, ces réponses ne constituent pas forcément les meilleures manières d'affronter le stress.

Nous sommes tous des dissimulateurs, à un degré plus ou moins grand, si ce n'est verbalement du moins affectivement. Lorsque vous vous trouvez en compagnie de quelqu'un et que vous éprouvez une certaine émotion, que faites-vous si vous ne désirez pas que votre interlocuteur en prenne conscience ? C'est simple, vous refoulez votre émotion en contractant vos muscles. Cette tension est si subtile que votre ami ne la remarquera même pas. Et pourtant, elle existe et constitue une « réponse apprise ». Il y a bien longtemps, dans des situations semblables vous avez *appris* que cette réaction produisait l'effet souhaité et, depuis, vous l'utilisez et je vous assure que vous l'utiliserez aussi longtemps qu'elle vous donnera satisfaction.

D'aucuns éprouvent une peur inconsciente à exprimer naturellement leurs émotions — il s'agit, en fait, d'une réponse conditionnée qui remonte à leur enfance.

Replongez-vous une fois encore dans votre passé et essayez de vous souvenir de la manière dont vos parents réagissaient à vos mouvements spontanés. Si votre famille ressemblait à la mienne — et à la majorité des autres — j'imagine qu'une réaction spontanée jugée déplacée ou capricieuse était accueillie par une gifle, un regard courroucé, une menace ou — pire que tout — un retrait temporaire d'amour et de bienveillance. Tout enfant est soumis à des conditionnements au même titre que les chiens de Pavlov. Les « récompenses » sont attribuées pour des réponses estimées valables par les détenteurs de l'autorité et celles-ci ne sont pas forcément naturelles. J'espère sincèrement que les techniques exposées dans ce livre vous permettront de vous déconditionner de sorte que vous parveniez à exprimer librement vos émotions naturelles dans les diverses situations de votre vie quotidienne.

La *suppression* des émotions est une réaction volontaire. La *répression* est le résultat d'une suppression transformée en habitude inconsciente. Ce qui précède devrait faire clairement apparaître que chaque réponse au stress implique un accroissement de tension musculaire. Les émotions sont littéralement emmagasinées dans le corps sous forme de tension musculaire chronique et constituent une cause première de maux de tête, de douleurs dorsales et de scolioses. Les gens souvent qualifiés de « guindés » sont en fait des individus ayant une forte tendance à réprimer leurs émotions. Leurs muscles se tendent et le flux d'énergie naturel de leur corps se trouve endigué. Les émotions sont pareilles à des fleuves. Il y a de nombreux méandres et le cours du fleuve peut se modifier bien des fois au cours de la vie. Si le courant est arrêté par un barrage, il ne s'immobilise pas pour autant. L'eau continue à affluer. Ne pouvant suivre un cours normal, elle reflue et inonde la région environnante, formant un réservoir qui doit, lui aussi, être contrôlé. Si tel n'est pas le cas, l'eau risque de rompre le barrage et ce déferlement endommagerait beaucoup plus la région que si on avait laissé le fleuve courir librement. Les émotions, comme les fleuves, doivent pouvoir s'exprimer librement. Si vous leur opposez un barrage, cela ne signifie pas que vous arrêtiez leur cours ; en les réprimant vous ne les effacez pas. Elles continueront à s'accumuler jusqu'à ce que vous soyez contraint de les assumer. Les émotions doivent être vécues sans inhibition ; elles doivent ensuite être libérées et autorisées à suivre leur cours.

Un autre aspect à considérer, lorsqu'on parle de tension musculaire, est la position du corps. La position debout normale (cf. Figure 2) est un alignement du corps suivant un axe de gravité demandant le moins d'énergie et de tension musculaire pour être maintenu. Idéalement, si on tirait une ligne droite entre le lobe de l'oreille et la cheville d'un homme placé de profil, elle devrait passer par l'épaule, la hanche et le genoux. Il va de soi que des variations *mineures* sont à prévoir d'un individu à l'autre. Mais, lorsque le corps brise cet alignement, il rompt l'équilibre de son axe de gravité. Ceci provoque une dépense d'énergie excessive due à l'accroissement de la contraction musculaire nécessaire pour maintenir le corps en position debout.

Figure 2. — **La position « normale ».** Une ligne verticale imaginaire devrait passer par le lobe de l'oreille, l'épaule, la hanche, le genoux et un point situé juste en avant de l'articulation de la cheville.

34

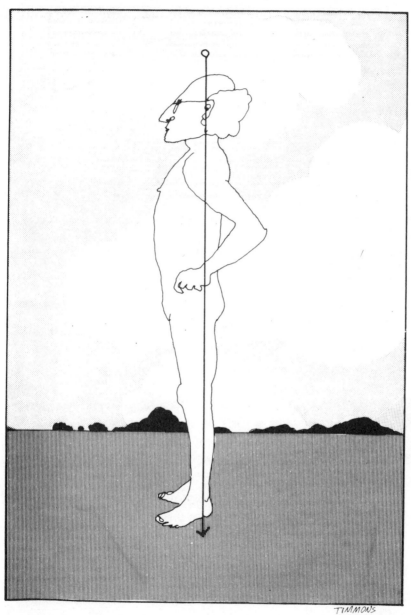

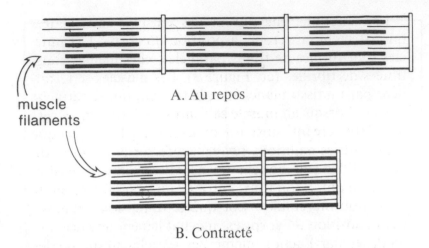

muscle
filaments

A. Au repos

B. Contracté

Figure 3. — **La fibre musculaire.** (A) Fibre musculaire au repos telle qu'apparaissant dans un microscope électronique. (B) Fibre musculaire contractée au maximum. Les fibrilles se rapprochent.

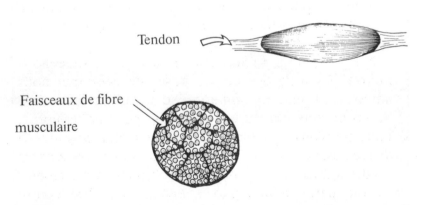

Tendon

Faisceaux de fibre

musculaire

Figure 4. — **Le muscle.** (A) La figure du haut montre l'extrémité rétrécie d'un muscle — le tendon. (B) La figure du bas est une coupe du muscle révélant des faisceaux de fibre musculaire.

Les émotions engendrent des tensions musculaires qui affectent en retour la position du corps. Les muscles sont formés de fibres parallèles, elles-mêmes constituées de fibrilles (cf. Figure 3). Les muscles se terminent par un tissu blanchâtre, le tendon, qui se rattache aux os. Lorsqu'un muscle se contracte, il tire un os vers un autre, créant ainsi un mouvement. Ceci explique comment les émotions peuvent affecter la position du corps. Elles provoquent un accroissement de tension nerveuse qui, à son tour, entraîne une augmentation de la tension musculaire. Lorsque cette tension s'intensifie, la position du corps est inévitablement amenée à se modifier par l'action même des muscles tirant sur les os. Ces changements sont tout d'abord imperceptibles mais chacun venant s'ajouter aux précédents, il en résulte une déformation de la position du corps et un accroissement conséquent de la tension. Si le corps rompait l'alignement vertical naturel, la force d'attraction le ferait tomber si les muscles ne se contractaient pas pour compenser ce déséquilibre. Au fil des années, la tension musculaire s'installe profondément et le changement de position fait de même.

Notre position se modifie également lorsque nous imitons les attitudes ou les poses de gens que nous admirons. L'être humain apprend en imitant les autres. Si nos parents avaient une mauvaise position du corps, nous pouvons très bien adopter la même posture. Il arrive aussi que certaines personnes imitent des acteurs ou des actrices ne se tenant pas toujours correctement. Ce qui paraît avantageux à l'écran peut être contre nature. D'aucuns trouvent l'attitude d'une vedette particulièrement « sexy » ou séduisante et ils essaient de la reproduire. C'est au cours de notre adolescence que nous sommes le plus vulnérable. Les femmes s'inquiètent souvent pour leur poitrine qu'elles jugent trop ou trop peu développée. Dans le second cas, elles peuvent adopter une attitude qui la fera ressortir. Malheureusement, elles se condamnent ainsi à souffrir plus tard de douleurs dans le dos. Certains hommes peuvent avoir tendance à faire de même afin de paraître plus « costauds ». Ces nouvelles attitudes deviennent involontaires et la tension musculaire s'installe sans qu'on la remarque. Une telle tension inutile ne pourra qu'entraîner une douleur tout aussi inutile.

Il est donc important de comprendre que l'ensemble de ce processus met en cause des réponses conscientes, apprises, qui se transforment tôt ou tard en habitudes involontaires et inconscientes. Lorsque nous supprimons et réprimons nos émotions durant toute une vie et lorsque des altérations de la position normale en résultent, la tension musculaire engendrée se traduira en spasmes chroniques générateurs de douleurs. Le meilleur moyen de briser ce cercle vicieux est de pratiquer un massage holistique ainsi que des exercices favorisant la conscience de soi.

D'un point de vue holistique, la tension émotionnelle peut être considérée comme un déséquilibre des aspects mentaux ou spirituels d'un individu engendrant des symptômes physiques se traduisant par une tension et une douleur musculaires. Le massage à lui tout seul, ou même s'accompagnant de bains chauds, ne pourra affecter cette situation de manière permanente. L'individu concerné devra également modifier ses attitudes mentales et spirituelles grâce à une conscience accrue de soi et des efforts ; alors seulement, il pourra espérer produire une altération physique permanente. Le premier pas — qui est également le plus difficile — est de réaliser qu'une douleur révèle, en fait, un déséquilibre. Nous aimons tous croire que nous sommes mentalement et spirituellement équilibrés. Si c'était vrai, nos corps physiques le seraient eux aussi. Or, nous constatons qu'il n'en est rien, donc il y a problème : si nous voulons réussir un jour à le résoudre, il faut commencer par le reconnaître. Ensuite, vous aurez une chance de découvrir la cause de ce déséquilibre, de cette rupture d'harmonie. Bon nombre de maladies ne sont que le résultat d'un blocage du flux d'énergie ou d'une action refoulée se manifestant sous forme de stress. Si vous parvenez à déceler l'action originale — ou l'émotion, le sentiment — puis à débloquer le flux, le problème pourra être résolu. L'émotion, la tension, la position ou le syndrome de douleur entravant le flux d'énergie d'une personne sont le résultat de la perception qu'elle a de son environnement et de sa façon d'y réagir. Ces perceptions se fondent sur des attitudes mentales et spirituelles à notre égard, à l'égard des autres et de notre environnement. Je suggère donc des modifications de nos attitudes de base et de nos habitudes corporelles afin de réussir à influencer notre condition physique.

La tension musculaire n'est pas la seule source de douleur. Il en est d'autres aussi évidentes et familières. Parmi les principales causes de douleurs musculaires, il faut citer l'« atrophie » musculaire ou ligamentaire. Des muscles sous-employés à qui on demande un effort soudain seront toujours douloureux et raides. Les muscles sont également sujets à des déchirements et des contusions pouvant résulter de chocs. Ce sont des problèmes courants qui peuvent paraître simples. Toutefois mon expérience m'a conduit à rechercher des explications moins évidentes ; j'ai donc essayé de voir comment ces douleurs étaient liées à une tension musculaire rentrée ou à un déséquilibre esprit/corps/âme.

C'est lorsqu'il produit un mouvement incontrôlé que le corps court le plus de risque d'être blessé. Ainsi, un problème fréquent est le fameux « coup du lapin ». Lorsqu'une voiture percute l'arrière d'une autre, les occupants de la première automobile produisent, sous le choc, un mouvement incontrôlé de la tête et du cou — ceux-ci étant projetés d'abord vers l'avant, ensuite brutalement vers l'arrière. J'ai eu l'occasion d'observer bien des victimes de semblables accidents et j'ai pu constater que les plus sérieusement blessés étaient toujours des individus paraissant émotionnellement déséquilibrés. Loin de moi l'idée d'affirmer que toutes les victimes étaient névrosées. Ce que je veux dire, c'est qu'en observant leur personnalité on remarquait que ces individus souffraient visiblement de tension chronique. Une tension musculaire affaiblit la souplesse des gens, augmentant ainsi le risque d'une blessure traumatique grave. Il en va de même pour les douleurs dorsales chroniques. Les personnes souffrant de tels maux manquent généralement de souplesse. Tant que cette raideur ne disparaît pas, et avec elle les attitudes et habitudes l'ayant provoquée, les douleurs dorsales continueront à se manifester régulièrement.

Un autre exemple de déséquilibre corps/esprit/âme nous est fourni par les sportifs du dimanche qui ne font jamais d'exercice physique durant la semaine mais participent à des compétitions sportives le week-end. Des déséquilibres sont inévitables et se manifestent par des douleurs qui assaillent la personne le lundi. Nombreux sont ceux qui s'imaginent ainsi pouvoir être hyperactifs deux jours par semaine. Le bon sens devrait leur dire qu'il n'en est rien. Une telle inconscience est une véritable agression contre l'organisme. Celui-ci ne peut osciller entre l'excès et l'insuffisance. Un individu qui respecte son corps lui donnera la quantité de nourriture, de boisson et d'exercice dont il a besoin pour être sain. L'organisme ainsi traité répondra alors valablement à toute demande raisonnable.

Les causes de la douleur sont bien plus profondes que nous ne l'imaginons généralement. On n'a pas mal au bras parce qu'on a lancé une balle avec trop de force. La cause véritable réside dans un ensemble d'attitudes et de croyances propres à l'individu concerné. Une partie de son être a permis à son bras de devenir raide et faible par manque d'exercice alors qu'une autre lui demande de réaliser une prouesse athlétique. Il ne s'est pas entraîné et a demandé à son bras plus que celui-ci ne pouvait donner. Bref, la douleur n'est pas imputable au muscle blessé.

Les conséquences à long terme d'une tension rentrée sont innombrables et, dans bien des cas, elles sont graves. Nous devons absolument apprendre et pratiquer de meilleurs moyens de traiter les tensions normales de la vie avant que celles-ci ne produisent des dommages irréparables. Nous l'avons vu, nos mauvaises habitudes impriment en nous une modification à long terme, voire permanente. Nous ne pouvons espérer qu'un médecin ou qu'un kinésithérapeute résolve un tel problème. Nous devons assumer nous-mêmes cette responsabilité. Nous seuls pouvons entreprendre des changements durables et positifs, cette fois, pour notre organisme.

Lorsque vous pratiquerez le massage, vos mains

développeront un sens aigu pour localiser toute tension ou spasme musculaire. Le donneur a la responsabilité d'indiquer ces zones tendues au receveur ; il étudiera avec lui les raisons éventuelles de ces excès. Mais n'oubliez jamais que seul le receveur peut connaître les causes réelles de ses tensions, et lui seul peut les éliminer. Le massage holistique est organisé de manière telle que le receveur se concentre sur ses tensions mais, parfois, il se montrera réticent à en rechercher les causes probables. C'est pourquoi le donneur devrait encourager la discussion en expliquant ce qu'il a constaté. Il aidera le receveur à exprimer des pensées et des sentiments qu'en d'autres circonstances, il ne se serait jamais avoués. Les plus grands bénéfices qu'un massage holistique procure se situent justement durant la période de réflexion suivant la séance de massage proprement dite.

Exercice

Le massage holistique et la conscience de soi sont fort utiles lorsqu'il s'agit de traiter la tension musculaire. La majorité de nos tensions est due à des blocages émotionnels ; aussi des exercices visant à libérer ces émotions sont-ils salutaires et agréables.

Vous est-il déjà arrivé de vous saisir d'une raquette de tennis ou d'un balai ou encore de tout autre objet du même genre et d'agresser votre lit ? Vous trouvez cela absurde ? Essayez donc pour voir. Vous constaterez bien vite que cette dépense d'énergie physique vous libérera de bien des colères, ou de vos frustrations ou encore de votre tension. Et convenez que c'est moins dangereux que de lancer un verre contre le mur ou de cogner du poing dans une porte. Frapper un lit est tout aussi efficace et ne vous coûtera pas un centime. Lorsque vous vous sentez tendu ou excédé, laissez-vous donc aller et suivez vos émotions. Criez, riez, pleurez — faites ce qui vous paraît naturel et spontané. Il m'arrive, lorsque je me sens furieux et que je conduis ma voiture, de me mettre à hurler (pour autant que je sois seul, bien sûr) ; vous n'imaginez pas le bien que cela me fait.

Une fois ces exercices terminés, essayez de reposer votre esprit en vous concentrant sur des pensées positives. Sentez-vous bien dans votre peau et en bonne santé. Développez une image positive de vous et un sentiment de bien-être.

La tension musculaire source de douleurs aiguës et chroniques, ainsi que nos mauvaises positions du corps, sont généralement profondément ancrées et il est bien difficile de les traiter. Les causes de la tension ne sont habituellement pas clairement définies. Nombre d'aspects de la vie d'un individu se conjuguent pour créer son état de santé. Dans ce manuel, vous trouverez beaucoup d'exercices qui vous permettront d'explorer divers aspects de votre vie. De cette façon, vous pourrez chercher par vous-même les raisons de la formation d'une tension musculaire en votre organisme. Vous trouverez également de nombreux exercices qui vous aideront à surmonter de manière plus efficace tensions et douleurs et à mieux assumer votre vie de tous les jours. Ceci fait, bien évidemment, partie intégrante de la philosophie holistique qui encourage la responsabilité individuelle.

Lorsque vous vous interrogerez sur les attitudes mentales/physiques/spirituelles qui pourraient se trouver à l'origine de vos tensions et douleurs particulières, penchez-vous sur deux facteurs d'une importance capitale. D'abord, soyez honnête avec vous-même. Évitez de sous- ou de sur-estimer vos problèmes. D'aucuns nient toute tension physique ou refusent d'en assumer la moindre responsabilité ; d'autres ont tendance à s'accabler de reproches parce qu'ils ont « tant » de tension. Ensuite, essayez de réaliser que réduire vos tensions ou éliminer vos douleurs demandera de longs efforts assidus. La santé est en fait un processus sans fin. Utilisez les exercices décrits dans ce livre comme « tremplin » vers une bonne santé.

4

LE CORPS, SYSTÈME ÉNERGÉTIQUE

Les praticiens occidentaux ont toujours considéré le corps comme une masse physique solide, dont la peau situait les limites extérieures. Durant des siècles, la science médicale affirmait que le corps était une « île » en soi. Cette vision nous coupait de nos véritables relations avec l'environnement et tendait à nous faire croire que les êtres humains étaient soumis à des lois différentes de celles régissant le reste de la création. En revanche, dans la conception holistique, le corps est un système énergétique dynamique en changement perpétuel et directement affecté par les modifications intervenant dans l'environnement, les conditions sociales, les attitudes mentales et les habitudes personnelles.

Cette vision nouvelle de la médecine se fonde tant sur des sources anciennes que modernes. Notre méthodologie scientifique empirique ne peut pas plus confirmer qu'infirmer la validité de cette nouvelle médecine parce qu'il lui manque la technologie nécessaire pour étudier les hypothèses fondamentales de l'approche holistique. Il est pratiquement impossible de « tester » une philosophie ; or, la nouvelle médecine tient plus d'une philosophie que de ce que la science occidentale considère comme scientifiquement valable. Pour la nouvelle médecine, les résultats concrets sont plus importants que toute méthodologie.

On comprendra et évaluera mieux la conception du corps/système dynamique en rapprochant l'antique philosophie de l'acupuncture des théories modernes de la physique des quantas. La physique moderne considère l'univers comme étant de l'énergie en mouvement et en perpétuel changement. Ces concepts radicaux et enrichissants sont le fruit d'esprits aussi novateurs que ceux d'Einstein, Louis de Broglie et Max Planck. Chacun d'eux en arriva à la conclusion que toute matière est composée d'une essence énergétique fondamentale, connue sous le nom d'énergie lumière. Votre corps, la terre sur laquelle vous marchez, ce livre et toute chose dans l'univers sont semblables dans ce sens fondamental. Tout est composé d'ondes d'énergie lumière électromagnétique. En réalité, nous ne sommes pas solides. Nous en donnons seulement l'impression. L'organisme est une balle tournoyante, dynamique d'énergie électromagnétique possédant un flux d'énergie et des propriétés polaires. Ceci signifie que nous avons des pôles négatifs et positifs et que notre structure physique est soumise aux lois de l'électricité et du magnétisme.

Je pourrais employer les mêmes mots et concepts pour décrire la philosophie de l'acupuncture. Celle-ci plonge ses racines dans la pensée taoïste antique. Comme la mécanique quantique, elle considère que l'univers est composé d'une énergie essentielle. En définitive, il n'existe que le Tao, unique et éternel. Il est une manifestation de deux aspects : le yin et le yang. Ceux-ci sont souvent qualifiés de négatif et de positif. Mais cette comparaison est par trop limitative. Le yin et le yang englobent toute dualité : féminin et masculin, extérieur et intérieur, réceptif et expressif, supérieur et inférieur, etc. Ces aspects ne sont pas séparés, comme nous le croyons trop souvent. Ce sont des éléments indissociables du Tao unique et éternel. Tout est énergie, yin et yang, et ensemble, ils forment le Tao. L'homme et son environnement ne sont qu'un. Ils existent en tant que membres d'une antique famille ne pouvant être dissoute.

Dans l'organisme circulent des courants d'énergie que les Orientaux nomment le *Ch'i*. Ce concept est en accord avec les postulats ou lois de la physique moderne, qui affirment que, si quelque chose possède la propriété de polarité, il doit y avoir un flux. L'énergie *Ch'i* circule dans le corps en suivant certains méridiens. La figure 5 indique les principaux méridiens d'acupuncture. Lorsqu'il y a déséquilibre ou blocage de l'énergie *Ch'i* — ce qui revient à dire qu'il y a déséquilibre entre le yin et le yang — il en résulte la maladie. Le déséquilibre est largement antérieur à la manifestation d'un symptôme physique. L'approche orientale du traitement d'une maladie se compose de deux parties. 1° le thérapeute rétablit l'équilibre en stimulant des points situés le long des méridiens énergétiques. 2° il interroge le patient à propos de ses pensées, de ses habitudes, de ses attitudes, etc., afin de déterminer la *cause* du déséquilibre énergétique. L'organisme physique n'est pas coupé des considérations psychologiques ou spirituelles et la philosophie taoïste ne permet pas que l'on sépare le corps de son environnement. Tout est Tao. L'important de cette démarche est que si la cause du déséquilibre n'est pas découverte et éliminée, le traitement demeurera sans effet.

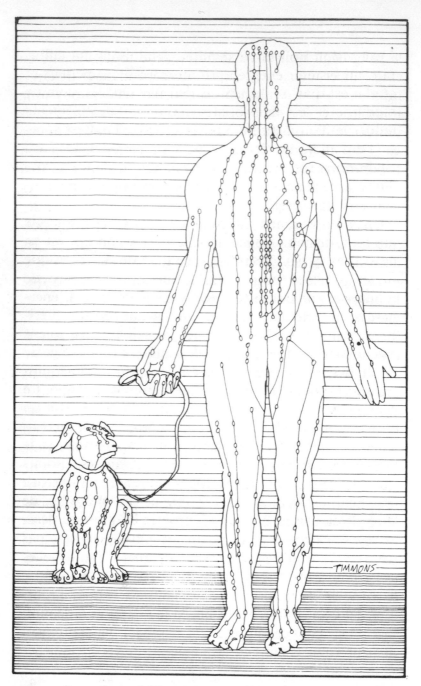

Figure 5. — **Les méridiens d'acupuncture.**

La vision holistique selon laquelle toute vie est, en fait, un système énergétique interdépendant et dynamique n'est pas seulement supportée par la physique moderne et les philosophies antiques. Les chercheurs modernes commencent à envisager l'idée que l'homme — l'ensemble de l'être — est intimement relié à son environnement. Ainsi, il est désormais évident que 70 à 90 pour cent de tous les cancers sont imputables à des causes environnementales. Nous nous tuons littéralement, nous et notre planète, par nos abus et notre pollution. Nous commençons également à réaliser que les habitudes personnelles — mentales, physiques, spirituelles — sont plus importantes pour la santé que n'importe quel autre facteur.

Mon objectif dans ce chapitre est double.

1° Je souhaite vous amener à considérer le corps en termes différents de ceux employés auparavant.

2° Je désire vous faire prendre conscience de certains bénéfices potentiels propres au massage qui ne sont généralement même pas envisagés.

Bon nombre d'arts médicaux gagnant aujourd'hui leurs lettres de noblesse se fondent sur la philosophie taoïste et ne nécessitent pas l'emploi d'aiguilles comme l'acupuncture. Les déséquilibres énergétiques peuvent désormais être traités par de multiples formes de stimulations des points se situant le long des méridiens énergétiques. Celles-ci incluent des stimulations par pressions au moyen des mains et des doigts. Le massage peut aider à équilibrer le flux d'énergie de l'organisme, parce que nombre des manipulations stimulent les points d'énergie et renforcent, de ce fait, le flux énergétique. Le massage est utile tant comme mesure préventive que comme outil curatif. Le massage holistique est un processus naturel au cours duquel deux individus collaborent pour améliorer leur état de santé — mentale, physique et spirituelle.

Je vous invite à considérer le corps comme un système énergétique dynamique, intimement relié à son environnement ; vues sous cet angle, la maladie ou la santé sont beaucoup plus soumises au contrôle individuel que nous ne l'avons jamais cru. Peut-être même notre contrôle est-il *total*.

Un excellent moyen de commencer à prendre conscience de ce corps/système énergétique est de se livrer à des exercices de prise de conscience de son corps. Ceux-ci vous aideront à développer une meilleure conscience de vous : l'aspect le plus important de la santé et du massage holistiques.

Note du traducteur : Pour un développement plus en profondeur des relations existant entre la physique quantique et les philosophies orientales, on pourra utilement consulter les ouvrages de Fritjov Capra : *Le Tao de la Physique* (Tchou) et *Le Temps du changement* (à paraître aux Éditions du Rocher). Signalons, de plus, que le chimiste James Lovelock et la microbiologiste Lynn Margulis sont les auteurs d'une théorie révolutionnaire connue sous le nom d'hypothèse Gaia. Celle-ci considère l'ensemble de notre planète comme un organisme vivant unique. C'est pour cette raison que ces deux scientifiques ont donné à leur hypothèse le nom de la déesse grecque de la terre. James Lovelock a exposé sa théorie dans un ouvrage intitulé *Gaia* (à paraître aux Éditions du Rocher).

5

LA CONSCIENCE DE SOI

Exercice

Fermez les yeux et concentrez-vous sur la partie inférieure de votre jambe gauche. Pouvez-vous sentir la présence de votre jambe ? Si c'est le cas, essayez de la sentir en détail. Pouvez-vous sentir toutes les surfaces de votre pied : son cou, sa plante, ses côtés ? Pouvez-vous faire de même avec votre cheville et votre jambe ? Ensuite, concentrez-vous sur les parties de votre corps, une à une. Déterminez celles que vous pouvez sentir clairement et celles qui sont « mortes » et manquent de sensibilité. Certaines régions pourront vous paraître déformées soit par rapport à leur taille soit par rapport à leur forme. Concentrez-vous principalement sur vos articulations. Lorsque vous vous serez concentré sur chaque partie de votre corps, essayez de percevoir une image totale de celui-ci. Certaines régions pourront vous paraître élargies et d'autres restreintes. Vous pourrez avoir l'impression que les deux côtés sont totalement différents l'un de l'autre. Une zone qui vous aura posé des problèmes tout le long de votre vie risque de vous renvoyer une image déformée. Notez mentalement les parties de votre corps qui sont « mortes » et celles qui sont déformées.

La conscience de soi est un sens, tout comme les cinq autres. Mais, contrairement aux sens « extérieurs » de la vue, de l'odorat, du goût, de l'ouïe et du toucher, nous ne pouvons déterminer avec certitude quel est le mécanisme qui nous amène à « sentir » notre corps. Une explication partielle nous est cependant fournie par les récepteurs sensoriels situés au niveau de la peau, des muscles et des articulations.

Les récepteurs sensoriels sont des structures spécialisées stimulées par des changements intervenants dans l'environnement ou au sein même de l'organisme. De la stimulation d'un récepteur résulte un message électrique diffusé le long des fibres nerveuses vers la moelle épinière et le cerveau où le message est alors décodé, analysé et perçu comme une sensation. Les récepteurs sont classifiés en fonction des stimuli auxquels ils répondent. Il y a ainsi des récepteurs du toucher, de la chaleur, du froid, de la douleur, de la vibration et du mouvement.

Les récepteurs mécaniques (récepteurs du mouvement) répondent aux changements de position des muscles ou des os ; combinés aux autres récepteurs, ils sont importants pour nous donner une conscience de notre organisme. Le cerveau relie toutes les données des divers récepteurs sensoriels et le résultat est une sensation corporelle. Telle est la théorie utilisée par la profession médicale pour expliquer la conscience de l'organisme.

Toutefois, il est un phénomène qui intrigue depuis des générations ; il est impossible de l'ignorer dans une approche de la conscience de soi. Ce phénomène est connu sous le nom de « membre fantôme ». Lorsqu'un individu se trouve amputé d'un membre, il garde

« conscience » de ce membre, il a l'illusion qu'il existe toujours. Ainsi, si quelqu'un perd une jambe, il continuera à la sentir. Il pourra « bouger » ses orteils et, malheureusement, éprouver une certaine douleur. Ce sont des cas de conscience du corps « sans » le corps. Des questions gênantes se posent alors. Comment peut-on ressentir la position du corps, la chaleur, le froid et la douleur en l'absence de récepteurs sensoriels ? Existe-t-il d'autres aspects de la conscience sensorielle que nous avons ignorés jusqu'à ce jour par manque d'explication mais qui pourront un jour être vérifiés scientifiquement ? N'oubliez pas que la philosophie de l'acupuncture ne peut encore être vérifiée scientifiquement, bien que ses bénéfices thérapeutiques soient largement reconnus.

Afin de rendre justice à la science médicale, je dois préciser que la théorie généralement acceptée pour expliquer le membre fantôme est que les extrémités des nerfs dans la région de l'amputation adressent des messages sensoriels au cerveau. Mais des doutes surgissent. J'ai décrit la manière dont les messages sensoriels voient le jour (par une stimulation des récepteurs sensoriels hautement spécialisés) ; l'explication scientifique du membre fantôme n'indique pas clairement comment des impulsions sensorielles peuvent être émises par l'extrémité d'un nerf amputé, où il n'existe pas ou peu de récepteur sensoriel. Ceci revient à affirmer qu'un bureau télégraphique qui envoie des messages le long de fils n'est pas vraiment indispensable pour émettre ces messages — les fils peuvent se charger du travail même si le bureau est détruit.

Les scientifiques ne peuvent fournir une explication

satisfaisante au membre fantôme pas plus qu'à l'acupuncture parce que :

1° ils considèrent le corps comme une simple structure physique et non comme un système énergétique électromagnétique ;

2° la technologie actuelle ne nous permet pas d'étudier objectivement le corps comme un système énergétique.

Il y a lieu de croire que la conscience de soi est le résultat de deux systèmes sensoriels. Le système sensoriel physique, tel que décrit précédemment, qui informe l'esprit conscient de l'état du corps physique et de ses modifications ; et la contrepartie énergétique du corps physique que l'on pourrait appeler corps énergétique. Ainsi que nous l'avons vu au cours du chapitre 4, nos corps sont des systèmes électromagnétiques complexes et nos énergies s'étendent donc bien au-delà de la peau suivant des modèles caractéristiques semblables aux modèles électromagnétiques d'un aimant. Le fait que nous ne puissions percevoir visuellement notre corps énergétique ne signifie pas qu'il n'existe pas. Ce corps semble posséder un mécanisme de feedback sensoriel qui informe l'esprit conscient de l'état du corps énergétique et des modifications de cet état. Une telle conception nous aiderait beaucoup pour comprendre le problème soulevé par le membre fantôme. Qui plus est, elle met en évidence l'importance de la conscience de soi dans les soins et la santé.

Le membre fantôme pourrait bien être une expression du corps énergétique. Des éléments venant renforcer cette théorie nous sont fournis par les progrès réalisés en matière de photographie Kirlian à haute tension. Celle-ci semble démontrer l'existence d'une aura énergétique autour de toute une série d'objets, y compris le

54

corps humain. On a pu ainsi observer un phénomène appelée « feuille fantôme ». Une photographie Kirlian d'une feuille normale indique une aura normale. Si on arrache une partie de cette feuille, son aura subsiste. Le principe de la photographie Kirlian est toujours à l'étude parce que bien des questions n'ont toujours pas trouvé de réponse. Nous pouvons toutefois avancer que la photographie Kirlian semble confirmer que le corps serait bien un système énergétique électromagnétique. Les photographies de la feuille fantôme apportent de l'eau au moulin de la théorie selon laquelle le membre fantôme et ses sensations seraient une forme d'expression du corps énergétique.

Les corps physique et énergétique sont unis mais pas inséparables. Chacun possède la propriété du feedback sensoriel afin d'informer l'esprit de l'état réel du corps. Les scientifiques ont toujours considéré que les sensations émanaient exclusivement du système physique. Mais, n'avez-vous jamais éprouvé de douleurs ou autres sensations n'ayant pas d'origine physique ? Les scientifiques expliquent ce phénomène en parlant de douleurs ou de sensations dues à une « origine non spécifique ». Je suis, quant à moi, convaincu qu'elles trouvent leur origine dans le corps énergétique et qu'elles sont riches d'informations positives et utiles.

La conscience de soi nous aide à situer les zones de tension, de douleur et d'énergie bloquée ; elle peut également nous aider à prendre conscience du flux énergétique. Des difficultés à compléter cette image indiquent les zones du corps que nous avons totalement niées. Il s'agit des régions « mortes » auxquelles j'ai fait préalablement allusion. Des variations dans la conscience de l'organisme sont des témoins de zones de déséquilibre du flux énergétique. Ainsi qu'il ressort des philosophies de l'acupuncture et du *shiatsu* (acupression), un déséquilibre du flux d'énergie débouchera en définitive sur la maladie et un équilibre de ces énergies sur la santé. Il vous est donc possible d'utiliser le massage holistique et l'imagerie visuelle pour équilibrer votre propre flux énergétique. De plus, vous développerez ainsi votre conscience de vous.

Une expérience édifiante
Il y a quelques années, je visitais des institutions pour non-voyants afin d'étudier certaines des méthodes utilisées pour accroître la conscience et l'image de l'organisme. Dans l'une de ces écoles, je pus constater les résultats d'une étude très révélatrice de l'image de soi. Chaque étudiant d'un groupe sélectionné recevait une boule d'argile et devait modeler la forme de son corps. Les résultats indiquaient une différence marquante entre la conscience du corps et son image totale. Aucune figure d'argile n'était complète. Parfois, il manquait un bras ou une jambe ou encore l'une ou l'autre extrémité était déplacée ou mal reliée au corps. La plupart des têtes en étaient d'ailleurs séparées. Certains bras étaient énormes alors que d'autres étaient minuscules. Pour aucun modèle, les extrémités n'étaient symétriques ou également proportionnées. Les étudiants non-voyants avaient sans conteste conscience des différentes parties de leur corps mais l'image qu'ils se faisaient de l'ensemble était incontestablement déformée.

Les voyants ont quant à eux le bénéfice du feedback visuel pour leur indiquer que leur corps est un tout. Si on nous demandait de modeler une figurine représentant notre corps, il est certain que nous le représenterions comme un tout. Le don de la vue est, dans ce cas, mensonger parce que nous pouvons très bien ne pas avoir conscience de notre corps comme d'un tout.

Au début de ce chapitre, je vous ai invité à fermer les yeux et à essayer de prendre conscience des diverses parties de votre corps. Ensuite, je vous ai demandé de vous efforcer de sentir l'image totale de votre corps. Dans la majorité des cas, un individu sent naturellement son corps comme un ensemble, parce que ses yeux lui ont répété pendant des années qu'il ne pouvait en être autrement. Repensez donc à ce moment où vous vous êtes concentré sur les parties séparées de votre corps. Avez-vous découvert des zones « mortes » ? Certaines articulations vous ont-elles donné l'impression de ne pas exister ? Si votre réponse à ces deux questions est oui, alors il est impossible que vous puissiez sentir l'image de votre corps comme formant un tout.

Une image incomplète du corps indique une conscience déformée. Il est courant que nous ayons des idées préconçues et des convictions qui troublent notre perception et notre conscience. Les étudiants non-voyants créaient des images de leur corps qui étaient des reflets précis de leurs perceptions. Recommencez donc les exercices de conscience de soi en sachant désormais qu'il est parfaitement normal d'obtenir une image déformée de votre corps.

Les lacunes dans l'image du corps se manifestent généralement dans les articulations et dans la partie arrière du corps. Lorsque je me suis moi-même livré à ce genre d'exercices, j'ai été sidéré de constater le nombre de zones « mortes » que renfermait mon corps.

Plus je m'efforçais de le sentir comme un tout, plus mon image se déformait. Dans ma quête d'une image honnête, je devins de plus en plus réceptif aux modifications journalières et hebdomadaires dans mon corps. Je devins beaucoup plus sensible à mon environnement intérieur et à la manière dont il changeait au fil des jours et des semaines.

Le massage holistique est un moyen efficace d'accroître la conscience de son corps et de devenir plus familier de son environnement interne. L'accent est placé sur le receveur prenant conscience de son corps et de son image. Ceci est particulièrement efficace pour les régions dites « mortes ». Le massage stimule chaque partie ou membre du corps de sorte qu'il devient possible de s'en « souvenir ». Réunir les membres séparés et obtenir une image complète est des plus utiles pour traiter les zones de blocage, de déséquilibre énergétique et les éventuels problèmes de santé. Le sentiment du corps dans son ensemble exige un développement constant.

Exercice

Afin de se « souvenir » de son corps, il est important de développer un sentiment intérieur des flux énergétiques. Pour ce faire, essayez de réaliser l'exercice suivant. Concentrez-vous sur votre bras droit jusqu'à ce que vous en obteniez une image ou une conscience précise. Faites de même pour votre bras gauche et ensuite comparez les deux images. Conservez les bien présentes à l'esprit. Maintenant, serrez très fort votre poing droit pendant dix à quinze secondes. Relâchez la tension et répétez cet exercice. Ramenez avec force votre poignet droit vers l'arrière et maintenez cette position durant dix à quinze secondes. Relâchez la pression et recommencez. Contractez le plus que vous le pourrez votre avant-bras en pliant votre coude. Faites de même que précédemment, relâchez et recommencez. Comparez maintenant la conscience que vous avez de votre bras droit à celle de votre bras gauche. Remarquez-vous une différence par rapport à votre comparaison précédente ? Il y a de fortes chances pour que leur taille et leur poids respectifs vous paraissent maintenant différents. Étudiez bien vos sensations afin de déterminer si vous remarquez d'autres modifications. Il est certain que des changements physiques précis se sont produits. Une partie de ce que vous ressentez est dû à des messages physiques provoqués par la contraction musculaire et les variations de circulation sanguine. Mais, c'est sur la sensation *distincte* du corps physique que vous devriez vous concentrer. Que ressentez-vous autour de votre peau, autour de votre bras ? Certainement des sensations pouvant s'étendre assez loin de votre corps réel. Recommencez cet exercice avec des parties différentes du corps afin d'accroître votre sentiment de conscience de soi et de flux énergétique. Il peut être très enrichissant d'étudier ce que représente un déséquilibre entre deux parties symétriques du corps. Le massage libérant certaines énergies corporelles, certaines parties du corps peuvent paraître plus légères, plus chaudes ou plus grandes. Répétez régulièrement ces exercices et vous ne tarderez pas à vous « souvenir » de ce que vous avez perdu ou n'avez jamais eu.

En explorant cette conscience de soi et en gagnant une image plus réelle de votre corps, vous découvrirez des zones tendues, déformées ou « mortes». Notez ces zones et interrogez-vous pour savoir pourquoi elles sont dans un tel état. N'oubliez surtout jamais que, *pour tirer avantage du massage holistique et des exercices de conscience, vous devez participer activement.* N'intellectualisez pas ce que je viens de dire. Connaître votre corps et son état de santé est *votre* responsabilité. Lorsque vous sentirez comment fonctionne votre corps, alors — et seulement alors — vous pourrez essayer de le modifier.

Lorsque vous dispensez un massage holistique, il peut être utile de conseiller certains de ces exercices au receveur. Le donneur comme le receveur doivent avoir conscience des principes du massage et de la santé holistiques. Ces exercices peuvent également être utilisés comme outils de concentration avant de masser quelqu'un. Leur but est de réunir et de concentrer la conscience du donneur et du receveur sur le moment présent et le travail en cours. (Voir à ce sujet les chapitres 1 et 2 de la 3e partie.)

6

LA MALADIE, UNE FORCE DE VIE POSITIVE

La maladie fait partie intégrante de la condition humaine. Nous ne disposons d'aucun moyen pour l'éliminer de notre vie. L'humanité évolue entre santé *et* maladie. Nous avons des leçons à tirer de ces deux états. Nous considérons la maladie comme quelque chose de négatif, aussi l'attaquons-nous à l'aide de drogues puissantes et souvent nocives. La douleur doit être évitée à tout prix. Le moindre petit malaise justifie l'absorption de pilules ou une visite chez le docteur. Se peut-il que nous soyons incapables d'assumer individuellement nos propres cycles d'évolution naturels ? Le plus souvent, les médecins et les drogues ont pour seul but de rendre la maladie moins pénible. Or le corps possède ses méthodes propres pour traiter les déséquilibres physiques et les drogues ne font qu'interférer avec ces processus naturels. La médecine moderne n'a d'autre souci que de supprimer ou de masquer les symptômes ; c'est peut-être pour cela qu'elle s'avère aussi inefficace.

Nous sommes tous, potentiellement, sujets à contracter n'importe quelle maladie à n'importe quel moment. Pourtant, nous ne succombons pas tous à la maladie. Bien qu'une bonne alimentation et des habitudes de vie saines jouent un rôle prépondérant dans la préservation de la santé, ceci n'explique pas complètement pourquoi certaines personnes tombent malades et d'autres pas. La santé *doit* impliquer plus d'éléments que nous ne l'avons jamais réalisé.

La médecine se retrouve aujourd'hui à la croisée des chemins. Le développement de la psychiatrie, de l'hypnose et de la santé holistique venant s'ajouter aux explorations de la nature de la conscience, nous fournit des preuves convaincantes du fait que nous, individus, sommes cause de la majorité, sinon de la totalité, de nos problèmes de santé. Selon les statistiques traditionnelles, 75 % des maladies sont d'ordre psychosomatique ; selon des chiffres moins rigides, le pourcentage serait de 95 %. Qualifier une maladie de « psychosomatique » ne revient pas à sous-entendre qu'elle n'existe pas. Cela signifie seulement que la maladie en question est provoquée par l'action de l'esprit *(psyché)* sur le corps *(soma)*. Elle est donc bien réelle. Cette conception bouleverse nos idées quant aux causes de la maladie. Ce que nous considérions autrefois comme des *causes* apparaît aujourd'hui comme n'étant en fait que des *agents* de changement. Les causes réelles sont beaucoup plus profondes.

D'un point de vue holistique, l'individu exerce un contrôle conscient sur sa santé et, en conséquence, en porte seul la responsabilité. Pourquoi nous rendons-nous malade et quel rôle utile la maladie pourrait-elle remplir ?

Si vous passez en revue votre histoire personnelle, les réponses à ces questions peuvent devenir évidentes. Vous constatez que la plupart de vos problèmes de santé ont servi un but utile. Il va de soi que les raisons d'une maladie particulière ne sont pas souvent apparentes sur le moment même. Souvent, la maladie a plusieurs objectifs. Parfois, c'est un mécanisme de défense inné qui entre en jeu pour vous aider à fuir une situation que vous ne pouvez affronter. Les sociologues ont observé que certaines personnes semblent « jouer » de la maladie dans certaines relations ou environnements sociaux.

Parfois, vous travaillez trop et vous vous retrouvez dans une situation où vous devez absolument marquer une pause ; malheureusement vous ne pouvez vous permettre de prendre un jour de congé. Dans certaines circonstances semblables, vous avez pu trouver une solution dans la maladie. Il arrive aussi que vous trouviez la vie déprimante et que vous ayez plus que jamais besoin d'amour, de sympathie ou d'attention. Une maladie peut alors vous aider à satisfaire ces besoins.

Il y a souvent une leçon à tirer de la maladie. Notre être profond (le subconscient) fait montre d'une imagination débordante. Il semble utiliser la maladie comme outil d'enseignement pour l'être conscient. Si vous possédiez un contrôle conscient de votre ego, vous auriez probablement manqué certaines des leçons les plus importantes que la vie nous enseigne par la peur ou l'incompréhension. Peut-être constaterez-vous que, lorsque vous ne vous montrez pas très ouvert aux autres ou lorsque vous vous exprimez de façon contraire à vos flux d'énergie naturels, la maladie vous apprend souvent à être moins cruel ou orgueilleux et plus compréhensif. Si vos relations avec vous-même et toute forme de vie traduisent le respect et l'amour, vous constaterez que tous les aspects de votre santé — physique, mental et spirituel — s'amélioreront.

En plus des leçons individuelles, nous pouvons tirer profit des leçons de groupe. La vie est précieuse et ne doit pas être violée par une pollution vulgaire. Au cours des vingt dernières années, nous avons pollué l'air, l'eau, la terre et la nourriture. L'incidence des cancers aux États-Unis atteint des proportions épidémiques et on estime que la plupart est due à des causes environnementales. Mais nous ne pouvons traiter le cancer — symptôme de décadence humaine — sans reconnaître et éliminer sa cause. Non pas la pollution par elle-même mais nos attitudes à l'égard de la vie qui sont à l'origine de cette pollution. Elle n'est pas la cause du cancer ; c'est seulement l'*agent* du changement. La santé individuelle ou globale est, en fait, une question d'équilibre.

Envisager la santé comme une force de vie positive revient à accepter l'idée que le corps est plus qu'une entité mécanique. C'est quelque chose de plus qu'un organisme physique réagissant et s'adaptant à son environnement. Les aspects mentaux et spirituels font partie intégrante de l'état de santé d'un être physique.

Le corps physique est une expression extérieure de l'être profond. Il reflète la condition interne par les pensées, les sentiments, les idées et les émotions — non seulement à notre égard mais encore à l'égard des autres et de la vie en général. L'être profond (le subconscient) s'efforce de communiquer avec l'être conscient au moyen de la santé, de la maladie, de la douleur, etc. Cette vision holistique explique l'importance de la conscience de soi pour atteindre et maintenir une santé optimum. Un individu doit être honnêtement conscient de sa condition interne avant de pouvoir modifier constructivement et positivement sa condition physique.

Mon intention n'est pas de vous dire pourquoi vous

tombez malade, pas plus que de vous conseiller d'éliminer la maladie de votre vie. Mon but est de vous faire prendre conscience de certains aspects de la santé que vous n'avez peut-être jamais envisagés auparavant. Les véritables raisons de la maladie ne sont pas uniquement à rechercher dans les microbes ou les infections. Il est essentiel de se souvenir que la maladie est, en définitive, une force de vie positive. Elle peut être riche en enseignement pour un individu et l'aider à satisfaire toute une série de besoins. Évitez de juger la maladie ou les malades. Il n'y a aucune raison de se montrer critique à leur encontre. C'est un processus d'apprentissage naturel. Essayez de ne pas tomber dans le piège consistant à vous obnubiler sur vos symptômes ou à désespérer de votre état ou de l'image que vous avez de vous. La santé est un processus dynamique. Si vous êtes malade, commencez par rechercher honnêtement en vous-même les causes *réelles* de la maladie. Remplacez les pensées et les sentiments négatifs par d'autres, positifs, et efforcez-vous d'être honnête avec vous comme avec les autres. Dans vos relations avec vous-même et avec toute forme de vie, faites montre de respect et d'amour. La maladie n'est pas un signe de faiblesse. C'est plutôt un signal d'épanouissement.

C'est en ce sens que j'affirme que la maladie est une force de vie positive à utiliser constructivement comme un processus d'apprentissage. Cette démarche peut également contribuer à la rendre plus tolérable. Nous pouvons être sûr qu'elle a une bonne raison d'être et réaliser que nous ne sommes pas simplement agressés par la vie. Nous, individus, possédons le contrôle de notre santé.

7

LES EFFETS DU MASSAGE HOLISTIQUE

Les trois composants esprit/corps/âme sont inséparables. Ce qui affecte un aspect affectera également les
autres. De nombreux effets du massage sont évidents et
ont fait l'objet d'études poussées alors que d'autres
sont plus subtils et limités à notre aptitude à les
percevoir.

Chaque massage est une expérience individuelle. Les
effets produits seront différents selon la technique
employée. Dans ce chapitre je m'intéresserai à certains
effets propres au massage holistique. Faites appel à
votre expérience personnelle pour compléter la liste.
Sous certains aspects, le massage nous affecte tous de la
même manière ; sous d'autres, les effets varient en
fonction des individus. Enfin, je ne prétends pas connaître tous les effets bénéfiques du massage.

Le Donneur

Au chapitre des effets du massage, la plupart des
ouvrages se concentrent sur les réactions physiologiques du receveur. Toutefois, au cours d'une séance de
massage holistique, le donneur pourra, lui aussi, retirer
des bénéfices psychologiques très positifs. Il me paraît
intéressant de nous y attarder un instant ; la pratique

vous permettra de préciser mes réflexions personnelles.

Le donneur d'un massage holistique sera d'autant plus efficace qu'il possédera une connaissance intime des muscles et autres tissus. Il s'efforcera de travailler les tissus souples en douceur, imprégné d'un sens profond de ce qu'il fait et de la manière suivant laquelle il veut amener les tissus à réagir. Il devra donc développer un rapport profond avec les muscles, en posséder une conscience précise. Ce faisant, il pourra se « fondre » avec le receveur et mieux influencer l'état de ses muscles.

Lorsqu'il touche un individu, ce devrait toujours être avec l'intention de l'amener à se sentir mieux. Au cours d'un massage holistique, le donneur sentira un rythme, une harmonie et un flux se préciser en retour. Ceci peut être une source de joie, de plaisir et de satisfaction personnelle. Le massage holistique suscite des sentiments de bien-être, de paix et de contentement chez le donneur tant par le processus même du massage que par les résultats enregistrés par le receveur.

Le massage holistique est un bon moyen d'apprendre à connaître quelqu'un et à développer une relation étroite, honnête et vraie. Ceci est une conséquence de la nature même de l'expérience. Elle rapproche deux personnes qui œuvrent ensemble pour obtenir un résultat bénéfique pour leur santé. Je suis persuadé qu'il s'agit là d'une forme supérieure de communication. Il n'y a pas place pour les nombreux petits jeux psychologiques auxquels les gens ne cessent de se livrer. Le massage holistique affecte les relations de bien des manières positives. Tout ce qui réduit les sentiments d'isolement et ouvre la communication entre deux individus est, par voie de conséquence, sain pour les deux partenaires.

Les autres effets résultant de l'action de « donner » un massage incluent les sentiments de satisfaction et de contentement que l'on éprouve à chaque fois qu'on travaille avec les autres ainsi que la sensation très dynamisante qui se manifeste généralement durant et après une séance. Voici donc quelques effets d'un massage holistique pour le donneur. Lorsque celui-ci est capable de se fondre dans le flux de l'expérience, c'est un événement des plus sains, des plus enthousiasmants et des plus dynamisants. Toutes ces réactions dépendent d'un nombre important de variables liées aux attitudes psychologiques du donneur avant et durant une séance de massage. Si le donneur agit contre son gré, cette expérience pourra être une véritable épreuve.

Le Receveur

Les effets du massage sur le receveur sont probablement encore plus nombreux et impliquent aussi bien des résultats physiologiques que psychologiques. Les joies sensuelles sont vraisemblablement encore plus intenses. Lorsque je reçois un massage, la force sensorielle éveille des régions de mon corps dont je m'étais coupé. Les effets sur la conscience de soi sont si nombreux que je leur ai consacré un chapitre à part — le chapitre 5. Ces plaisirs sensuels me procurent un sentiment de bien-être paisible, détendu. Je sens les mains de quelqu'un sur mon corps et cela me remplit de joie de savoir que cette personne se soucie de moi, au point de vouloir m'aider à me sentir mieux dans ma peau. Il est incontestable que ces émotions influencent notre bien-être psychologique et développent des sensations dont les bénéfices pour le corps et l'esprit sont considérables.

Le massage contribue également à réduire les tensions douloureuses et les spasmes musculaires résultant d'une blessure ou d'années d'émotions étouffées. Les effets sédatifs du massage suscitent une réaction réflexe des nerfs qui réduit la tension musculaire. Cet effet sédatif sur les nerfs peut aussi expliquer la réduction des élancements douloureux transmis par les nerfs au cerveau.

L'un des effets important du massage est la libération d'émotions et de sentiments étouffés lorsque les muscles se relâchent. Le donneur devrait êre conscient de cette possibilité et même l'encourager. Lorsque cette « libération » se produit grâce aux manipulations, la prise de conscience est souvent pénible et le receveur peut répugner à s'en ouvrir à un tiers. Un tel relâchement émotionnel, dans certains cas, s'accompagne de larmes. L'observation clinique me conduit à la conclusion qu'il y a là un élément indispensable de la thérapie si on espère obtenir une amélioration physique à long terme. J'ai rencontré des individus qui atteignaient un seuil d'amélioration physique au cours d'une thérapie à long terme, seuil qu'ils ne parvenaient à dépasser qu'après avoir accepté de voir en face leurs sentiments refoulés. Ces sentiments s'accompagnent souvent d'images fortes surgissant du passé. Parfois, une violente crise de larmes marque ce moment ; celle-ci s'interrompt aussi brutalement qu'elle s'est déclenchée. De tels événements produisent *toujours* des modifications physiques et psychologiques positives. Les zones de tension finissent par se relâcher et le receveur éprouve un profond sentiment de bien-être.

Une telle libération émotionnelle peut survenir plusieurs heures après la séance de massage proprement dite et le receveur devrait être préparé à cette éventua-

70

lité. Certaines personnes m'ont confié avoir éprouvé un malaise plusieurs heures durant à la suite un massage. Ceci semble indiquer que des émotions refusent de se laisser étouffer sans avoir été préalablement résolues. J'encourage donc toujours les gens à étudier leurs émotions durant et après le massage. Lorsqu'ils acceptent d'assumer leurs sentiments au lieu de les ignorer, les émotions suivent leur cours librement, telles des fleuves courant sans entrave. Le receveur découvre soudain les causes réelles d'une douleur particulière ou d'une tension musculaire. Elles doivent être affrontées sans détour, sinon, il ne pourra espérer une amélioration durable de son état. Le receveur se retrouvera alors empli d'un sentiment de satisfaction intense résultant de sa prise de conscience intérieure, au lieu de souffrir de tension et de malaise musculaires.

Le donneur devrait réaliser que le receveur ne s'ouvrira qu'à quelqu'un en qui il a une confiance totale. Il doit donc se montrer digne de cette confiance et ne parler à personne de ce qui s'est dit au cours d'une séance. Le donneur doit respecter la vie privée du receveur.

Un autre bénéfice du massage holistique pour le receveur est l'amélioration de sa position grâce au relâchement de la tension musculaire. J'ai déjà dit que celle-ci faisait perdre au corps son alignement naturel. Les émotions rentrées, se traduisant par une tension musculaire, altèrent donc également — indirectement — la position. Notre corps est en fait le reflet de nos attitudes émotionnelles. Si nous nous sentons oppressés, notre tête a tendance à s'affaisser et notre position à s'alourdir. Chaque attitude émotionnelle produit une position caractéristique. Lorsque les émotions et les tensions musculaires sont libérées, la position du corps redevient normale. Tous ces effets sont progressifs ; ils sont particulièrement apparents dans le cadre d'une thérapie à long terme. Les receveurs ressentent alors des sensations de légèreté, une facilité de mouvement plus grande et une conscience accrue du flux énergétique naturel.

On a prouvé expérimentalement que des massages superficiels aussi bien que profonds favorisaient la circulation sanguine ainsi que le taux d'hémoglobine dans le sang. Or, c'est l'hémoglobine qui véhicule l'oxygène dans le corps. Par conséquent, le massage influence également la capacité de transport d'oxygène dans le sang. Les fonctions organiques dépendent de l'oxygène. Des tissus blessés en ont besoin pour se régénérer. Il s'ensuit que le massage contribue à l'entretien des tissus et à l'évacuation des déchets produit par une blessure, une inflammation et la fatigue. Les actions mécaniques des mains au cours du massage aident à alimenter en sang le système veineux à travers lequel celui-ci se purifie, s'oxygène et revient à la périphérie pour soutenir le processus curatif.

Une meilleure circulation produit au sein des tissus un environnement favorable aux processus de guérison. Une région douloureuse se guérit lentement parce que les spasmes musculaires entravent la circulation. Les muscles s'endolorissent en partie à cause de la constitution d'un amas de déchets dus à ces contractions constantes. L'un d'eux est l'acide lactique dont le métabolisme n'est possible qu'en présence d'oxygène. La gêne persiste parfois après un massage car, en lui-même, il ne guérit pas. Il crée seulement les conditions nécessaires à la guérison.

Bon nombre des effets physiques du massage sont le résultat de l'activité réflexe du système nerveux autonome qui œuvre généralement en dehors de notre contrôle. Durant un massage, le niveau général de tension nerveuse s'abaisse, provoquant une réduction conséquente de la tension musculaire, du rythme cardiaque et de la pression sanguine, une amélioration de la circulation ainsi qu'un sentiment de détente et de bien-être. Ces résultats non seulement soignent le corps mais apaisent l'esprit et renforcent l'âme. Une simple relaxation entraîne une réaction en chaîne d'effets positifs dans l'organisme.

Le Donneur et le Receveur

Un effet significatif du massage holistique est qu'il favorise un sentiment de bien-être tant chez le donneur que chez le receveur. Les sensations éprouvées sont *si* bonnes et *si* nombreuses ! Or tout ce qui nous procure un véritable sentiment de bien-être et de joie profonde est bénéfique pour notre santé.

Le donneur et le receveur retirent aussi un bénéfice spirituel du massage. Les bouddhistes croient que l'un des états spirituels les plus élevés que l'on puisse connaître est l'union de deux êtres en dehors d'une relation sexuelle. Je suis convaincu qu'une telle union est possible au cours d'un massage holistique lorsque l'attention des deux partenaires est concentrée et que tous deux sont totalement conscients. L'expansion de conscience, l'envol de l'intellect et de l'ego ainsi que la disparition du temps durant le massage : tout cela favorise la conscience spirituelle. Celle-ci à son tour agit sur le corps et sur l'esprit en s'efforçant de les soigner et de nous amener aussi près que possible de l'état d'êtres humains complets et comblés (voir 3e partie, chapitre 1).

D'un point de vue holistique, la santé est un équilibre entre l'esprit, le corps et l'âme. Les techniques bénéficiant à l'esprit et à l'âme auront à leur tour des effets positifs et durables sur le corps.

Tous ces résultats — et plus encore — vous les obtiendrez en pratiquant systématiquement le massage ainsi que je le décris dans ce livre. Toutefois, n'en espérez aucun si vous agissez au hasard sans vous soucier de questions essentielles telles que le rythme, la pression et la direction. *La qualité de l'art dépend directement de la qualité de l'artiste.*

Au cours d'une séance unique, ces effets se manifestent à un degré plus ou moins grand. Le corps souffre souvent d'années de mauvais emploi, de tension et d'anxiétés. Si vous espérez échapper à tout cela en une séance, vous risquez d'être déçu. Si vous découvrez un spasme musculaire et tentez de l'éliminer sans prendre le temps nécessaire, vous serez frustré, que vous soyez donneur ou receveur.

Le massage est un processus. Considérez-le comme tel et les résultats s'ensuivront à leur propre rythme.

Un mot d'avertissement

On recourt au massage pour traiter toute une série de problèmes physiques. En fait, même si un massage n'a pas d'effet physiologique significatif sur un état particulier, il n'en aura pas moins un effet psychologique positif. Il faut cependant savoir que le massage peut s'avérer dangereux dans certains cas. Il ne faudrait jamais l'employer pour traiter des problèmes veineux tels qu'une thrombose, une phlébite aiguë ou des veines

74

variqueuses. Des inflammations aiguës (comme dans le cas d'infections graves ou durant les vingt-quatre heures suivant une foulure sérieuse) ne peuvent qu'être aggravées par un massage. Dans le cas de traumatismes musculo-squelettiques (entorses, foulures, etc.) mieux vaut commencer par des applications froides ; vingt-quatre heures plus tard le massage pourra s'avérer bénéfique. Des éruptions cutanées ne peuvent qu'être propagées par le massage. Il aggrave aussi les maladies systémiques aiguës telles que des ulcères gastriques ou duodénaux et des maladies débilitantes où le repos total est conseillé. Enfin, il ne faudrait pas recourir au massage dans le cas de grandes hernies, d'artériosclérose avancée, d'abcès, d'anévrismes ou de brûlures.

8

GUÉRISSEURS OU ASSISTANTS ?

Si vous n'aviez pas l'intention d'aider les gens à se sentir mieux, vous ne liriez pas ce livre. Le massage est un moyen très direct et naturel de réaliser cet objectif. Nous avons tous vu des êtres chers malades et nous avons tous désiré les aider, ou les guérir ou du moins rendre leurs souffrances plus tolérables.

J'ai déjà parlé de notre dépendance à l'égard des médecins. Nous attendons véritablement d'eux qu'ils nous guérissent. Certains d'entre nous désirent peut-être même suivre leurs traces. Ces concepts s'intègrent mal dans la conception holistique de la santé parce qu'ils se fondent sur l'hypothèse que certaines personnes ont le pouvoir de guérir les autres. Quand je pense à mon expérience personnelle et aux gens que j'ai pu traiter, je n'ai aucun mal à réaliser que les gens se soignent eux-mêmes. Je n'ai jamais guéri personne. Je n'ai été que l'agent du changement. Il ne faut pas pour autant nier le rôle de l'agent. Aider les autres est une expérience enrichissante mais je m'efforce d'avoir une vision correcte de mon rôle et je vous encourage à faire de même.

Plus vous vous familiarisez avec le massage et plus

vous travaillerez avec les autres, plus vous aurez l'occasion de vérifier qu'ils sont avides de se décharger sur vous de leurs responsabilités. Ils vous demanderont de résoudre leurs problèmes. Ne l'ignorez pas et, dans un tel cas, n'hésitez jamais à leur indiquer leurs responsabilités au moyen du massage holistique. Nous sommes des assistants et *non* des guérisseurs.

Si la personne que vous essayez d'aider ne connaît pas d'amélioration, ne désespérez pas. La responsabilité du changement demeure la responsabilité du patient. Il faut savoir aussi que certaines personnes peuvent avoir foi dans les compétences d'un « guérisseur » et que cette foi les aidera à se guérir. Si vous désirez vraiment aider quelqu'un à améliorer sont état, donnez-lui confiance en lui et renforcez sa conviction qu'il ira mieux. L'état d'un individu ne peut s'améliorer tant qu'il n'a pas l'envie de changer. Votre propre attitude et votre empathie lui seront d'un grand secours. Vous êtes le catalyseur du changement ; bien souvent, il n'en faut pas plus pour réussir.

9

UN PEU D'ANATOMIE

Pour qu'un massage soit de qualité, il importe que le donneur sache ce qu'il fait. Si celui-ci a confiance en lui et s'il a un but précis, le receveur ne manquera pas de le sentir. Je vous ai donné de nombreuses indications pour vous aider à comprendre les composants essentiels du massage. Toutefois, votre compréhension ne pourra être complète si vous ne possédez pas quelques rudiments d'anatomie. Je suis convaincu qu'une connaissance élémentaire de ce qui se passe sous la peau est indispensable si l'on veut dispenser un massage de qualité. Si le donneur n'a pas la moindre notion d'anatomie, il manquera toujours quelque chose à son massage.

L'anatomie humaine peut vous paraître complexe ; rassurez-vous, il n'en est rien. Certaines personnes répugnent à consacrer du temps à l'étude de cette information pourtant vitale. J'ai vu la qualité d'un massage s'améliorer de manière significative après que le donneur a finalement accepté de passer une heure devant une planche anatomique. Croyez-moi, l'évolution était spectaculaire. Le praticien avait acquis la dimension qui lui faisait défaut, celle de la direction et du but.

Apprendre le nom des muscles s'avérera utile si le receveur les connaît également, mais ce sera une connaissance purement intellectuelle et vide de valeur pratique. Aussi, ne suis-je pas entré dans les détails. Ce qui me paraît plus important, c'est d'acquérir une image précise de la structure sous-cutanée et de la direction dans laquelle courent les fibres musculaires. Fondamentalement, c'est tout ce qu'il vous faut savoir et ceci ne présente aucune difficulté.

Le massage est un excellent moyen de se familiariser avec les tensions, les forces et les faiblesses du corps humain. Peu de gens savent ce qui se passe sous leur peau et le massage aide tant le donneur que le receveur à percevoir la manière dont un organisme est bâti.

Comprendre la structure et le fonctionnement du corps vous permettra de mieux appréhender les douleurs de tous les jours. Travailler sur le corps en ignorant ses composants et leur position revient à vouloir réparer un moteur de voiture sans rien connaître à la mécanique. Lorsque vous travaillez sur « quelque chose » — que ce soit une voiture ou un corps humain — et que vous désirez honnêtement découvrir son fonctionnement, vous vivez une expérience particulièrement enrichissante. Au début, cela pourra vous demander efforts, essais et exploration. Peut-être aurez-vous besoin d'un manuel d'instruction ou d'un diagramme schématique. Mais, petit à petit, vous en arriverez à comprendre le fonctionnement de l'« engin » qui vous intéresse. Vous pourrez déceler ce qui ne tourne pas rond et vos tentatives pour « réparer les dégâts » trouveront une direction et un but. C'est exactement ce qui se passera lorsque vous apprendrez l'art du massage. Tout d'abord, si une personne se plaint à vous d'une douleur bien précise, vous travaillerez quelque peu en aveugle, sans savoir exactement ce qu'il y a lieu de faire. Progressivement, vous constaterez que certaines douleurs sont généralement liées à certains muscles. Une voiture qui a des ennuis de carburation montre des symptômes spécifiques ; un muscle blessé fait de même.

Une blessure s'accompagne *toujours* de spasmes musculaires. Reportez-vous aux figures 3 et 4 pour voir comment un muscle se contracte et ce que signifie « spasme musculaire ». Les muscles sont formés de fibres parallèles. Les fibres sont groupées pour constituer des faisceaux, eux-mêmes regroupés pour former un muscle. Lorque celui-ci se contracte, les fibres individuelles se rétrécissent. Chaque fibre est formée de fibrilles qui s'entrecroisent un peu comme les doigts lorsque vous serrez vos mains. Les physiologues croient que les muscles se contractent lorsqu'une impulsion nerveuse les stimule, amenant les fibrilles à glisser les unes sur les autres. Pour illustrer cela, il vous suffit d'entrecroiser vos doigts. Les muscles comme les doigts peuvent se contracter à des degrés différents. Certaines contractions sont passagères, d'autres sont statiques. Les contractions statiques sont qualifiées de « tétaniques ». Un spasme musculaire est une contraction tétanique dans laquelle quelques fibres d'un muscle — voire toutes — sont contractées à leur maximum. Une contraction tétanique peut se produire de deux manières différentes. D'une part, ce peut être une réponse réflexe à une blessure ; la douleur provoque un spasme, celui-ci augmente la douleur, ce qui produit de nouveaux spasmes. D'autre part, ce peut être le résultat d'une tension émotionnelle de longue durée. J'ai déjà décrit comment une émotion nous amène à tendre nos muscles. Cette tension n'est, au départ, qu'une légère contraction. Un exemple nous est fourni par la tension éprouvée lorsqu'on conduit une voiture au milieu d'un embouteillage. Au fur et à mesure que celle-ci s'installe, les épaules du conducteur se soulèvent. Des stress émotionnels prolongés amènent les muscles à se contracter à leur maximum et, si cet état se prolonge pendant plusieurs années, il peut en résulter une contraction tétanique chronique. On parle, dans ce cas, de tension nerveuse et celle-ci est une cause première d'incapacité physique. Elle déforme notre corps, déséquilibrant notre position et constitue une cause importante de maux de tête et de douleurs dorsales.

Le spasme musculaire se présente sous forme d'une masse dure de tissus. Parfois, la fermeté de ces spasmes nous empêche de les distinguer clairement des os. Voici une autre bonne raison d'étudier quelques notions d'anatomie. Plus vous aurez d'expérience du massage, plus il vous sera facile de reconnaître la présence d'un spasme musculaire. Un spasme peut être aussi minuscule qu'un pois ou aussi gros qu'une balle de golf. Dans le cas des longs muscles dorsaux, le spasme peut donner l'impression d'une fine bande dure courant parallèlement à l'épine dorsale.

Pour vous faire une idée de ce que peut être un spasme, tâtez le milieu du trapèze, un ensemble de muscles triangulaire situé au sommet de l'épaule (cf. figure 6). Il est très rare de ne pas y déceler la présence d'un spasme. Vous le situerez mieux si vous passez l'extrémité de votre pouce sur toute la longueur d'un muscle, en suivant le grain des fibres. Pour ce faire, il est également indispensable de posséder quelques notions d'anatomie afin de déterminer dans quelle direction courent les fibres du muscle en question. Lorsque votre pouce passera sur le muscle, vous sentirez une masse dure ou un changement dans la tension du muscle. Les tissus musculaires normaux doivent être souples et flexibles. Il est fréquent de trouver une tension musculaire tout le long de la base du crâne, au milieu de la partie supérieure du trapèze, sur les bords de l'omoplate et à travers les muscles profonds qui courent à côté de l'épine dorsale (cf. figure 7 pour un schéma des muscles profonds). Lorsque vous réussirez à déceler par vous même un spasme musculaire, vous aurez amplement l'occasion de le vérifier.

Il vous arrivera de rencontrer une personne dont l'ensemble du corps est relativement dur. Généralement, c'est le résultat d'une tension corporelle de longue date ; en effet, lorsque les muscles restent tendus pendant de longues périodes, des modifications structurelles internes s'installent. Les muscles sont alors imprégnés de tissu conjonctif, le tissu fibreux qui assure la cohésion de notre corps. Il en résulte que les muscles se durcissent et *seul* un massage régulier peut les libérer de cette tension. Il faut des années pour qu'une telle déformation s'installe, il faudra donc du temps pour qu'une thérapie assidue rende aux muscles leur élasticité naturelle. Si vous rencontrez quelqu'un qui se trouve dans ce cas ou si vous-même vous y trouvez, ne désespérez pas. C'est un état courant, souvent provoqué par des attitudes émotionnelles fondamentales. Nos corps ont tendance à se protéger de l'inconnu. Travailler avec de tels individus est une expérience des plus enrichissante parce qu'un massage répété vous permettra de susciter en eux d'énormes modifications positives. C'est, de plus, une excellente occasion pour les encourager à exprimer leurs émotions et à explorer leur être profond. L'inconvénient, avec de telles personnes, est qu'elles ont tendance à s'enorgueillir de leur « invulnérabilité » et sont donc difficiles à convaincre. Ce n'est que si vous réussissez à pénétrer leurs défenses que vous serez à même de les aider. Un détail surprenant : je ne me souviens pas d'avoir jamais rencontré une femme ayant des muscles fibreux réellement durs.

Une fois que vous avez situé un spasme, identifiez le ou les muscles atteints. Le spasme s'exprime sous la forme d'une boule localisée mais c'est l'ensemble du muscle qui souffre. Aussi, en massant, devez-vous prêter une attention toute particulière à la façon dont vous le traitez. Sans doute comprenez-vous maintenant pourquoi il est si important que vous possédiez quelques notions d'anatomie. Le meilleur moyen de réduire un spasme est de masser toute la longueur du muscle dans le sens des fibres. Repensez à la théorie du glissement des fibrilles. Il serait absurde de masser à l'encontre du grain de la fibre musculaire. Sachez aussi qu'un muscle sous tension chronique est souvent en état de spasme à un point tel que les muscles se retrouvent attachés aux os. Il est donc utile de pétrir ces régions particulières.

Une autre méthode utile pour réduire un spasme musculaire est d'appliquer une pression constante directement sur le spasme. Assurez-vous, ce faisant, de ne pas dépasser le niveau de douleur tolérable par le receveur. Pressez le muscle avec l'extrémité du pouce et maintenez la pression pendant environ trente secondes. N'oubliez pas qu'une séance unique ne suffira pas à éliminer une tension. Le recours à une telle pression aide également le receveur à situer sa tension et à prendre conscience de son intensité.

Reportez-vous aux figures 6 à 9 pour en apprendre un peu plus sur l'anatomie musculaire et osseuse. Ne brûlez pas les étapes et surtout prenez plaisir à cette étude. Recherchez les dépressions et les élévations à la surface de votre corps pour identifier la position de certains muscles. Utilisez votre sens du toucher comme guide. Plus vous toucherez, effleurerez et pétrirez les tissus d'autres personnes, plus vos mains deviendront sensibles.

Exercice

Pour cet exercice un ou une amie devra vous servir de modèle. Reportez-vous à la figure 6, le schéma du dos. J'ai repris dans cette figure certaines structures les plus importantes et quiconque s'intéresse au massage devrait pouvoir les identifier facilement. Tout d'abord, palpez les vertèbres, du haut jusqu'en bas de la colonne. C'est à cet endroit que les os du dos font saillie. Ensuite, repérez l'omoplate. Vous ne devriez pas avoir de mal à en situer l'épine. C'est un morceau d'os qui court en diagonale par rapport à l'omoplate et se termine un peu au-dessus de l'articulation de l'épaule. A cet endroit se situe l'acromion. Ces deux structures (l'épine de l'omoplate et l'acromion) sont faciles à distinguer et ne devraient jamais être confondues avec un spasme. D'autres structures faciles à palper sont les bords de l'omoplate. De nombreux muscles s'attachent à cet endroit mais vous ne devriez avoir aucune difficulté à les situer.

Enfin, identifiez les principaux muscles du dos. Le

grand trapèze triangulaire donne sa forme inclinée aux épaules et le grand dorsal indique les limites du dos.

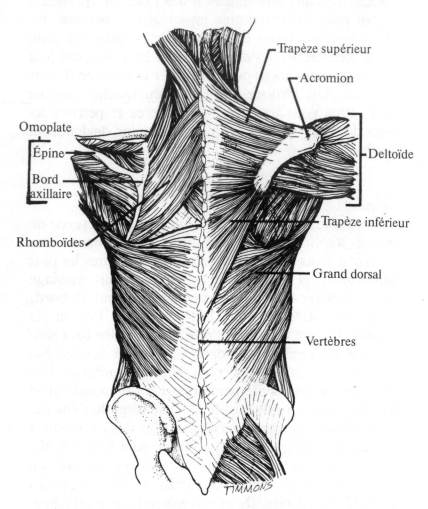

Figure 6. — **Le dos.** Remarquez que le trapèze et le deltoïde ont été supprimés sur le côté gauche afin de montrer les structures sous-jacentes. Les muscles signalés sur le schéma sont facilement repérables au cours du massage.

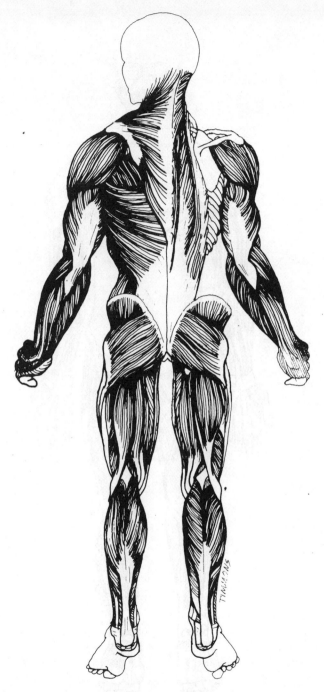

Figure 7. — **Le corps — Vu de dos.** Remarquez que les muscles profonds sont exposés du côté droit de la colonne vertébrale. Cette région est souvent source de tension et de douleur.

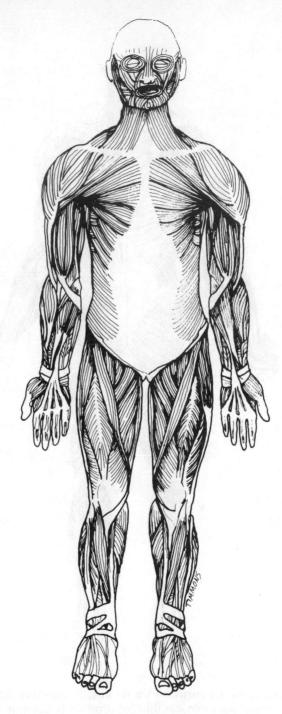

Figure 8. — **Le corps — Vu de face.**

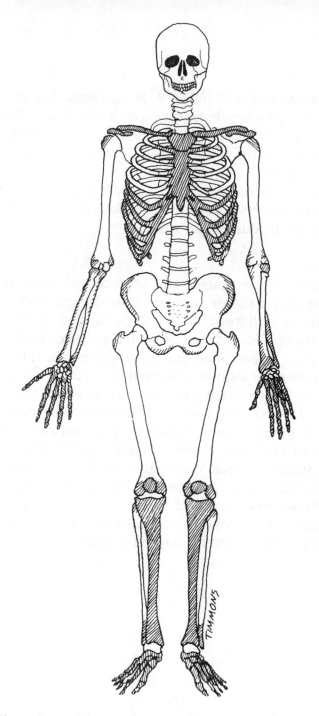

Figure 9. — **Le squelette.** Les parties sombres représentent les os proches de la surface de la peau ; ceux que vous pouvez sentir au cours d'un massage. Votre pression devra toujours être plus faible à ces endroits.

Exercice

Reportez-vous à la figure 9, le squelette. Les os ou parties d'os proches de la peau sont hachurées. Utilisez votre corps comme modèle, essayez de sentir ces os. A ces endroits, votre pression devra obligatoirement être moins appuyée.

Si vous combinez cet exercice avec le précédent, vous ne devriez éprouver aucune difficulté à différencier les muscles des os durant un massage.

Exercice

Lorsque vous estimerez que votre connaissance ana-tomique est suffisante, essayez donc de vous mettre à l'épreuve en utilisant un mode de perception semblable à celui du braille. Il vaudrait mieux, pour ce faire, tra-vailler avec la personne que vous aimez afin que vos inhibitions et les siennes soient réduites autant que faire se peut et n'interfèrent pas avec le processus d'appren-tissage. Le receveur devrait se dénuder et s'allonger dans une pièce sombre. Lorsque celui-ci est prêt, mas-sez le « en aveugle ». Observez quels sont les muscles et autres structures que vous parvenez à situer unique-ment par le toucher. Prenez l'habitude de fermer les yeux durant une séance de massage. Ainsi, vous serez contraint de vous concentrer totalement sur le receveur et sur l'expérience du massage elle-même.

DEUXIÈME PARTIE

LE CORPS : TECHNIQUE DU MASSAGE

« *Vois-moi...*
Sens-moi...
Touche-moi...
Guéris-moi... »
extrait de l'opéra rock « *Tommy* », des Who.

1

LES COMPOSANTS DE BASE DU MASSAGE

La pression

Chaque massage devrait commencer par des mouvements légers, s'affirmant progressivement. La transition entre les mouvements légers et les plus profonds devrait être imperceptible pour le receveur. Les tissus du corps doivent être échauffés et détendus. Une progression trop rapide vers des mouvements plus profonds n'est pas naturelle et est, de plus, inconfortable.

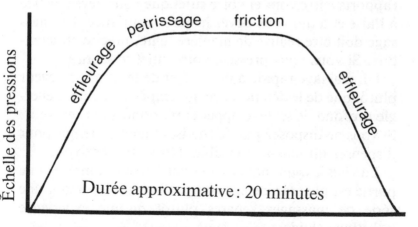

Figure 10. — **Gradation de la pression.** Durant un massage, la pression devrait s'accroître progressivement, passer par une phase stationnaire et puis décroître progressivement.

Le receveur réagira en se tendant plutôt qu'en se relaxant ; ce qui va à l'encontre même du but du massage. Les deux premiers tiers d'un massage devraient servir à augmenter la pression à chaque mouvement. Durant la dernière partie, la pression devrait décroître (cf. figure 10).

Il est certain que le moindre changement brutal de la pression sera perçue par le receveur qui réagira en conséquence.

La pression devrait être utilisée dans les mouvements vers le haut ; les mouvements vers le bas devraient, quant à eux, être moins marqués. Efforcez-vous toujours de pousser les fluides vers le centre ou le sommet du corps, plutôt que vers la périphérie.

La vitesse

La vitesse avec laquelle vous réalisez votre massage est essentielle, en particulier dans l'établissement des rapports entre vous et votre sujet que vous devez mettre à l'aise et à qui vous devez inspirer confiance. Un massage doit être réalisé de manière lente, précise et détendue. Si vous vous pressez, votre sujet le sentira.

Un massage rapide a pour effet de tendre le receveur plutôt que de le détendre, ce qui empêche le flux d'énergie profond de se développer entre donneur et receveur. Si vous ne disposez pas de suffisamment de temps pour dispenser un massage valable, alors abstenez-vous.

La vitesse d'un massage devrait être constante. Si une partie est plus rapide elle rompt l'harmonie, créant une série de massages séparés plutôt qu'une expérience holistique fluide.

Le rythme

Tout votre corps devrait participer au massage. Efforcez-vous d'établir un rythme précis tant dans votre manière de bouger que de respirer et de vous y maintenir durant toute la séance. Recherchez votre rythme naturel et massez quelqu'un ne deviendra jamais une expérience épuisante. Reportez-vous au chapitre 2 de la 1re partie si vous désirez mieux comprendre comment la respiration est liée au mouvement.

Il m'est très pénible de masser en musique. Généralement, le rythme varie d'une chanson à l'autre et souvent au cours d'une même chanson. Ceci suscite des conflits et des problèmes qui perturbent le flux d'énergie. Certaines musiques conviennent cependant très bien pour un massage mais, si vous désirez travailler ainsi, choisissez-les avec soin. Toute interférence extérieure à l'expérience du massage et aux personnes impliquées va généralement à l'encontre du but recherché. Le massage requiert une concentration totale sur l'expérience et non sur des événements environnants.

Le rythme donnera le ton au massage et vous sera utile pour contrôler votre flux énergétique. Si vos mouvements et votre respiration sont rythmés, la respiration et la conscience du receveur s'harmoniseront à ce rythme.

La position

Il est important que le donneur comme le receveur soient confortablement installés durant le massage. Les photographies illustrant cet ouvrage devraient vous suggérer quelques positions possibles. Lorsque le receveur est étendu sur le ventre, il est bon de placer un petit coussin sous son estomac afin de supporter le bas du dos et sa position sera encore plus confortable si vous ajoutez un coussin sous ses jambes. Lorsqu'il se trouve sur le dos, il appréciera un coussin sous les genoux.

Le point le plus important à ne jamais oublier est que vous devriez bouger avec l'ensemble de votre corps, en sentant le mouvement monter de votre centre de gravité — un point situé à environ un demi-centimètre derrière et en dessous de votre nombril (cf. 3e partie, chapitre 1). Si seuls vos mains et vos bras participent au massage, vous vous lasserez rapidement. Évitez également de fatiguer inutilement les muscles de votre dos. Ceci est important lorsque vous massez quelqu'un allongé sur le sol. Si vos mouvements viennent de votre centre de gravité vous y parviendrez sans mal. N'oubliez donc pas que *tout votre corps doit participer*.

Vos mains ne sont qu'une extension de votre corps et de ses mouvements.

Si vous devez vous pencher de côté pour atteindre le receveur, vous ne tarderez pas à ressentir de la fatigue. Lorsque vous travaillez avec le receveur allongé sur une table, arrangez-vous pour qu'il soit aussi près de vous que son confort le permet. Lorsque vous travaillez sur le sol et appliquez de longs mouvements de côté, il pourrait être utile que vous pliiez une jambe afin de placer le poids de votre corps sur le genou de l'autre. L'expérience vous aidera à trouver la position qui vous convient le mieux ; soyez-y fidèle.

Tout massage devrait comprendre les divers composants que je viens d'évoquer. On n'insistera jamais assez sur le fait que le donneur *et* le receveur doivent se trouver dans une position aussi confortable que possible. Ce détail est capital si vous désirez retirer tous deux un profit maximum de cette expérience.

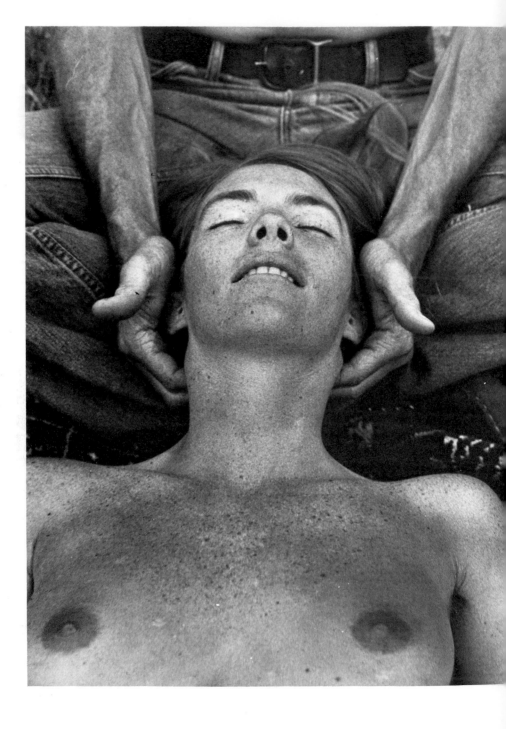

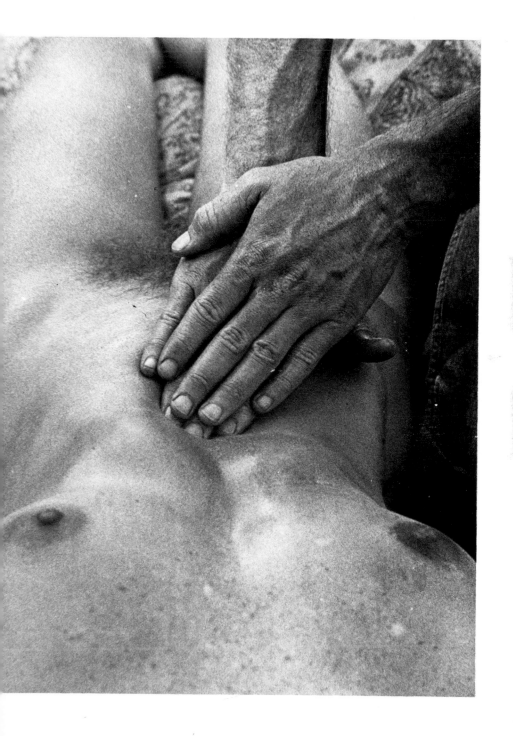

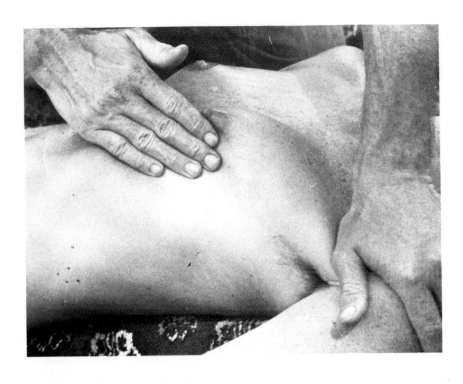

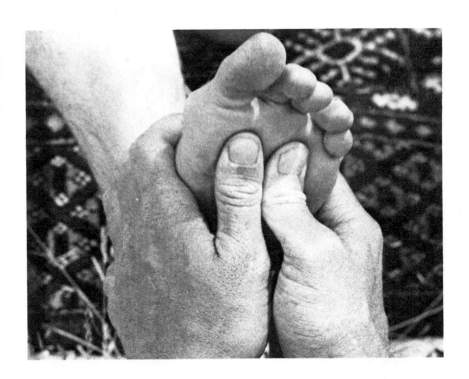

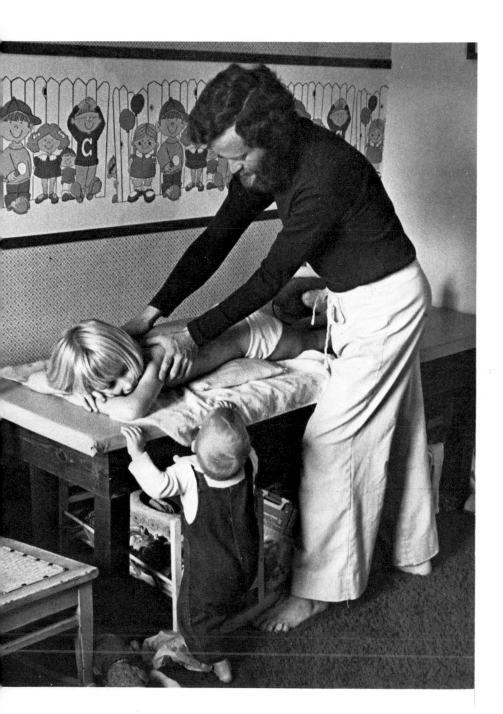

2

LES MOUVEMENTS DE BASE

Ainsi que j'ai déjà eu l'occasion de vous le dire, j'ai constaté que, dans les ouvrages consacrés au massage, les auteurs décrivaient jusqu'à quatre-vingts mouvements différents. C'est également pour cette raison que j'ai écrit ce livre. *Le massage comprend quatre mouvements de base et vous ne devriez pas vous perdre dans plus de détails.*

1. L'effleurage (mouvement superficiel) : c'est une manipulation longitudinale de pression légère à modérée. C'est toujours par l'effleurage qu'il faut commencer un massage et le terminer. Il sert à échauffer les tissus, vous permettant d'établir votre rythme et le flux ; c'est lui qui vous « branche » sur le corps sur lequel vous travaillez. Il contribue également à détendre le receveur. Ce mouvement est généralement exécuté sur toute la longueur du dos et les autres parties du corps (cf. figure 11).

2. Le pétrissage (mouvement circulaire ou transversal profond) : c'est une manipulation de pression modérée à profonde, souvent circulaire ou transversale. Durant ces mouvements vous sentez les muscles et les tissus et pouvez déceler les zones de tension. N'oubliez

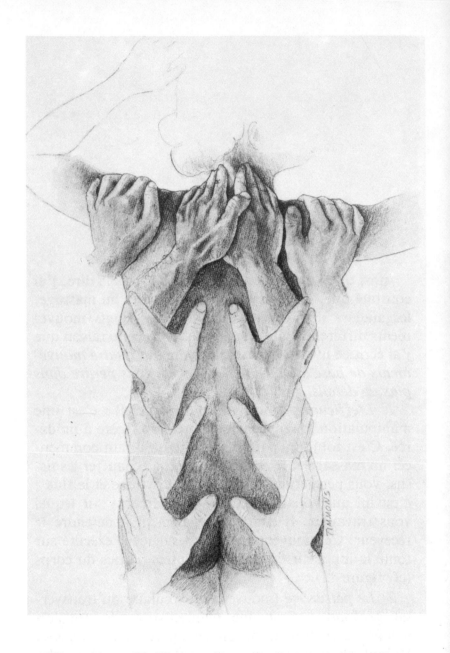

Figure 11. — **L'effleurage.** Les mains commencent aux fesses et remontent doucement vers le cou.

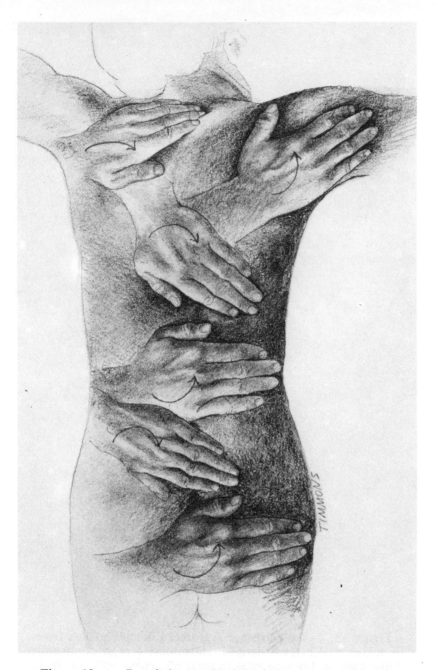

Figure 12. — **Le pétrissage circulaire à deux mains.** Commencez aux fesses et remontez. Remarquez que la main gauche se déplace dans le sens des aiguilles d'une montre alors que la droite bouge en sens contraire. Lorsque vous massez le côté gauche les doigts sont perpendiculaires à la colonne vertébrale.

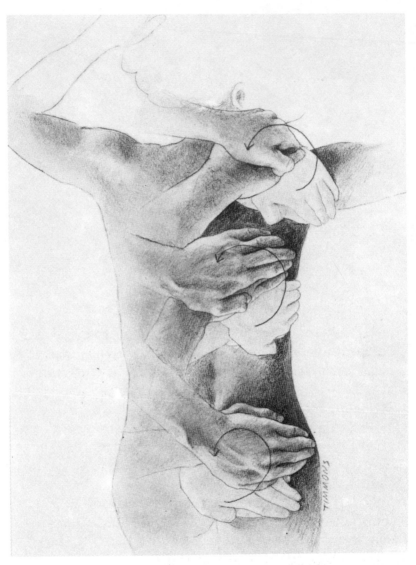

Figure 13. — **Le pétrissage renforcé.** Commencez aux fesses,
les mains se déplaçant dans le sens opposé à celui des aiguilles
d'une montre. Lorsque vous passerez au côté gauche, vos mains
devront alors se déplacer dans le sens des aiguilles d'une montre.

100

Figure 14. — **Le foulage.**

pas de pétrir avec l'ensemble de votre corps et pas uniquement avec vos mains et vos bras. Je vous conseille deux formes de pétrissage : l'une circulaire et réalisée avec les deux mains et l'autre renforcée (une main appuyant sur l'autre) (cf. figures 12 et 13).

Le foulage, étant une manipulation profonde, est généralement assimilé au pétrissage. Je le reprends toutefois séparément à cause de son caractère et de son emploi différents.

3. Le foulage : ce mouvement s'exécute sur les tissus sous-jacents en utilisant le pouce et les doigts comme si vous pétrissiez de la pâte (cf. figure 14).

Le foulage est une manipulation profonde, vous pouvez y recourir à volonté au cours d'un massage. C'est une manipulation importante et spontanée. Personnellement je l'utilise souvent après le pétrissage et après la

101

friction, en concentrant mes efforts sur les zones de tension que j'ai pu découvrir.

4. *La friction* : la friction se dit de mouvements circulaires profonds réalisés au moyen des pouces, des jointures ou des extrémités des doigts. La pression est ainsi concentrée sur une région bien précise. Lorsque vous travaillez avec vos pouces, utilisez vos mains comme supports. Dessinez des cercles larges avec vos pouces et progressez *lentement* du bas vers le haut, le long de la colonne vertébrale. Il va de soi que vous pouvez utiliser la friction pour n'importe quelle partie du corps. C'est la manipulation la plus profonde que vous puissiez appliquer sans provoquer de douleur (cf. figure 15).

Je fais généralement suivre mes mouvements circulaires profonds (pétrissage) d'une friction appliquée de chaque côté de la colonne vertébrale et ensuite sur les zones de tension. La friction étant une manipulation profonde, vous devriez prendre soin de ne jamais endolorir le receveur.

Voici les mouvements de base utilisés dans un massage ayant pour but de détendre les muscles en particulier et le corps en général. Dans le chapitre (technique) qui suit je vous expliquerai comment utiliser ces mouvements. A partir de là, votre créativité pourra prendre la relève. Entrer davantage dans les détails techniques rendrait le massage trop technique et rigide.

Le massage suédois classique a recours à des percussions très vigoureuses mais il ne faut pas oublier qu'il a pour objectif de stimuler et non de détendre. Je considère que, dans la plupart des cas, cette forme de massage est trop violente. Le receveur semble plus absorbé par sa survie et le blocage de ses émotions que par un

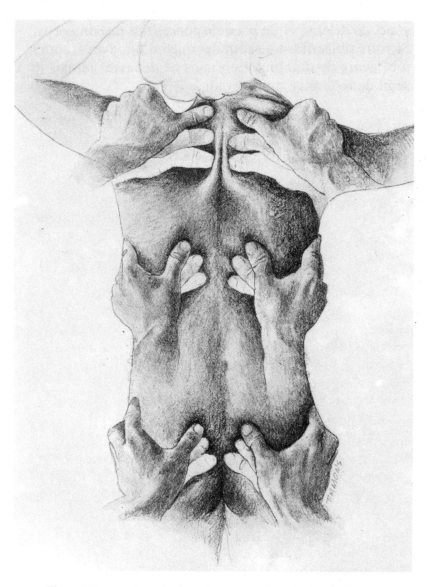

Figure 15. — **La friction.** Partez du bas de l'épine dorsale et tout en remontant progressivement dessinez de petits cercles avec vos pouces.

souci de détente et de prise de conscience de son corps. Si votre objectif est de stimuler quelqu'un, ayez recours à ce genre de manipulation mais ne dépassez jamais le seuil de tolérance du receveur.

3

LE MASSAGE DU DOS

Pour vous entraîner au massage, le dos est sans conteste la partie du corps la plus appropriée. Il vous offre une surface plane, large, et c'est une des régions sur laquelle se concentre la majorité des massages. Si vous réussissez à masser convenablement le dos, vous pourrez appliquer sans difficulté votre technique à l'ensemble du corps.

La préparation
Pour commencer, vous aurez besoin de serviettes, de coussins, d'huile et d'une surface relativement dure sur laquelle s'étendra le receveur. N'utilisez pas de lotions ou de crèmes que la peau absorbera rapidement. Donnez votre préférence à l'huile de noix de coco, à l'huile minérale ou végétale ou encore à l'huile pour bébés. Si vous travaillez avec un receveur dont la peau est allergique à l'huile, employez du talc.

Apprenez le massage avec quelqu'un que vous aimez. Choisissez un endroit confortable où vous ne risquerez pas d'être dérangés. Le receveur s'étendra alors sur le ventre, un coussin placé sous l'estomac. Ne négligez pas ce détail, un coussin contribuera à soutenir le bas du dos. Si cela peut ajouter à son confort, placez-en un sous ses pieds. Ne massez pas sur un lit. La surface en est trop douce et de plus trop basse pour que le donneur puisse adopter une position confortable. Toujours dans un esprit de confort et de chaleur, vous pouvez couvrir les fesses et les jambes d'une serviette ; n'oubliez pas que certaines personnes sont timides et qu'elles préféreront cette solution. Les photographies reprises dans ce livre illustrent les positions courantes les plus confortables pour le donneur et le receveur. Il ne faudrait jamais être mal à l'aise durant un massage.

Je vous conseille de vous laver soigneusement les mains avant chaque séance. C'est une précaution hygiénique qui vous servira de plus à échauffer vos mains et vous donnera l'occasion de vous détendre et de vous concentrer.

Concentrez-vous un instant sur vos mains, elles renferment une information sensorielle d'une importance vitale. Frottez-les l'une contre l'autre et notez les sensations que vous éprouvez. Fermez les yeux et essayez l'exercice suivant qui vous aidera à sentir l'énergie développée par vos mains. Frottez-les doucement et lorsque vous ressentirez une certaine chaleur, arrêtez votre mouvement. Maintenant, écartez-les légèrement. Si vous sentez une chaleur ou un flux d'énergie passer de l'une à l'autre, écartez-les un peu plus, ensuite, rapprochez-les. Notez le moindre changement de sensation enregistré lors de l'éloignement et du rapprochement. Répétez cet exercice pendant quelques minutes. Il peut s'écouler un certain temps avant que le flux ne s'installe ou que vous ne soyez capable de le reconnaître. Vos mains se rapprochent-elles plus facilement qu'elles ne s'éloignent ? Avez-vous l'impression qu'elles s'attirent ? Lorsque vous les rapprochez, vous devriez ressentir un champ énergétique. Un peu de pratique vous aidera à prendre conscience de ce flux d'énergie circulant entre vos mains. Vous pouvez également éprouver un certain picotement dans vos paumes ou encore les extrémités de vos doigts peuvent « prendre vie ». Les mains sont vos outils les plus importants dans un massage. Prenez donc le temps de les stimuler et d'aiguiser vos sens physiques et énergétiques. Observez votre respiration. Votre estomac se gonfle-t-il lorsque vous inspirez ? Votre respiration devrait être de type diaphragmatique. Si besoin est, relisez le chapitre consacré à la respiration. N'oubliez pas de vous efforcer de toujours respirer par le nez. Les énergies dont je viens de parler sont tout d'abord très subtiles. Avec le temps et la pratique, vous les remarquerez de plus en plus clairement. Si vous ne parvenez pas à les ressentir, ne vous découragez pas. Un effort assidu finit toujours par aiguiser vos sens.

Le processus

Si vous n'avez personne avec qui travailler, poursuivez ces exercices en utilisant votre imagination.

Versez un peu d'huile dans vos mains et frottez-les l'une contre l'autre afin de la réchauffer. Faites ceci au-dessus d'une serviette. En chauffant l'huile de cette façon, vous éviterez de la verser froide sur le receveur. *Ne versez jamais directement l'huile sur la peau de la personne que vous massez.*

Étendez-la doucement sur la partie supérieure des fesses, sur le dos et la nuque. Évitez toutefois d'en abuser. Vos mains doivent glisser légèrement sur la surface du corps. Les régions pileuses nécessitent un supplément d'huile. Une fois que vous avez commencé à masser, ne vous interrompez pas. Si vous devez vous saisir de quelque chose faites-le d'une main, l'autre restant en contact avec le corps du receveur. S'il s'agit d'huile, alors placez la main en contact avec le receveur paume en l'air de sorte que vous puissiez y faire glisser un filet d'huile. Reposez le flacon et frottez soigneusement vos mains afin de réchauffer l'huile ; ensuite étendez-la sur la peau du receveur. N'oubliez jamais de reboucher le flacon. L'huile est grasse et si vous en renversez, vous ruinerez le flux et la communication que vous aurez réussi à établir — vous risquez de plus d'endommager votre tapis.

Arrivé à ce stade, vous devriez normalement vous livrer, avec le receveur, à quelques exercices de respiration profonde et de concentration. Toutefois, vous aurez plus de facilité à apprendre la technique du massage si vous supprimez pour l'instant cette partie de l'expérience. Lorsque vous maîtriserez bien votre technique, référez-vous à la troisième partie du livre afin d'intégrer les exercices de concentration conseillés.

Maintenant, mettez vos mains à la « place de départ », c'est-à-dire juste au-dessus des fesses. Commencez par une douzaine de mouvements superficiels (effleurage). Vos mains doivent remonter le long du dos, parallèlement à la colonne vertébrale. Ne massez jamais directement la colonne. Détendez vos mains. Qu'elles ne soient jamais rigides ou crispées durant un massage. Elles doivent épouser le corps du receveur. Lorsque vous arriverez à hauteur de l'omoplate, laissez vos mains en suivre le contour puis inversez la direction ; faites-les glisser sur le sommet des épaules vers le haut de la nuque. Ensuite, suivez le chemin inverse jusqu'à votre position de départ (cf. figure 11).

Ce premier mouvement est superficiel ; les suivants deviendront progressivement plus profonds sans pour autant jamais dépasser le seuil de tolérance du receveur. Souvenez-vous que la personne que vous massez ne doit *jamais* éprouver la moindre douleur, le moindre malaise.

Durant ces douze premiers mouvements, essayez d'établir un rythme qui demeurera constant tout au long de la séance. Vos mouvements doivent être lents. Si vous vous pressez, le receveur en prendra conscience et au lieu de se relaxer en éprouvera un certain malaise qui aura pour conséquence de le tendre.

Observez-vous. Êtes-vous en train de masser avec vos bras ou avec l'ensemble de votre corps ? De nombreuses personnes se fatiguent en massant parce qu'elles oublient de travailler avec l'ensemble du corps. Fermez les yeux et essayez de vous concentrer sur un point situé à environ un demi-centimètre derrière et plus bas que votre nombril. C'est votre centre de gravité ; j'ai déjà eu l'occasion de vous en parler. Essayez de faire partir tous vos mouvements de ce centre. Chacun de vos mouvements doit impliquer l'ensemble de votre corps. Au début, cela vous paraîtra étrange et difficile mais rappelez-vous qu'il en est allé de même lorsque vous avez découvert la respiration diaphragmatique. Ici aussi, la pratique vous aidera ; vous en arriverez même à vous demander comment vous pouviez agir autrement.

Observez votre respiration. Expirez-vous pendant les mouvements vers l'avant ? Souvenez-vous qu'il vaut toujours mieux expirer durant un effort. Si vous en éprouvez le besoin, revoyez le chapitre consacré à la respiration. Les mouvements vers l'arrière s'accompagnent toujours d'une pression moins forte, inspirez donc à ce moment-là.

Cette première série de mouvements a pour but de chauffer les muscles, d'installer le rythme et la vitesse du massage et d'établir la communication entre vous et le receveur par l'intermédiaire de vos mains.

Lorsque vous terminerez votre dernier mouvement, déplacez-vous de façon à vous trouver sur le côté du receveur. Si vous vous trouvez à sa droite, travaillez son côté gauche. Commencez maintenant une série de manipulations de pétrissage. Pour arriver à maîtriser cette phase, il vous faudra de la persévérance et de la pratique. Les mains écartées d'environ un centimètre, faites des mouvements circulaires ; la main gauche tournant dans le sens des aiguilles d'une montre et la droite dans le sens opposé (cf. figure 12). Continuez à exercer vos mouvements en partant de votre centre de gravité ; ils requièrent une rotation rythmique de l'ensemble du corps.

Sachez que les côtes du bas s'appellent « côtes flottantes » pour la bonne et simple raison qu'elles ne sont attachées que dans le dos alors qu'elles « flottent » à l'avant (cf. figure 9). Cette région peut donc être douloureuse si vous la massez trop en profondeur. Lorsque vous y travaillerez, concentrez votre pression sur les muscles environnant l'épine dorsale.

Reprenez votre position de départ et dessinez quatre doubles cercles au même endroit avant de faire remonter vos mains vers les épaules. A chaque déplacement, celles-ci devraient remonter d'environ la largeur d'une... main. Voici un bon moment pour vous concen-

110

trer sur les muscles et rechercher les zones de douleur et de tension. Utilisez votre imagination pour faire passer votre énergie au receveur par l'intermédiaire de vos mains. Ne remarquez-vous pas de sensation particulière dans vos paumes ?

La pression de ce pétrissage circulaire devrait être aussi profonde que possible sans provoquer de douleur au receveur. N'hésitez pas à lui demander de faire des commentaires. En définitive, vous développez un sens du toucher qui vous dira jusqu'où vous pouvez aller. Il est courant que les débutants n'osent pas exercer une pression suffisante. Je vous conseille d'apprendre d'abord à maîtriser votre technique, vous vous soucierez de la pression plus tard.

Travaillez progressivement un côté du dos puis massez les épaules au moyen d'un pétrissage circulaire et d'un foulage. Il est presque impossible de dessiner des cercles de direction opposée sur les épaules. Notez la position de l'omoplate. C'est un os plat et triangulaire. Évitez les pressions trop fortes sur cet os, guidez-vous sur les indications du receveur. Des muscles viennent se rattacher à l'omoplate, vous constaterez bien vite qu'ils sont souvent tendus. Généralement, je leur applique une pression profonde du bout des doigts et le receveur paraît toujours en retirer du plaisir. N'hésitez pas à modifier ces mouvements en fonction des réactions du receveur et du simple bon sens. Mon but est de vous donner des lignes directrices. Le succès de la séance dépendra de votre propre créativité.

Lorsque vous aurez « pétri » un côté du dos, revenez à votre position de départ et recommencez avec le même côté. Souvenez-vous que les muscles et autres tissus sont souples au toucher alors que les os sont durs et généralement inébranlables. Lorsque vous passez sur une région osseuse, diminuez votre pression, sinon vous risqueriez de faire mal à votre partenaire. N'oubliez pas non plus de ne jamais crisper vos mains. Laissez-les suivre librement la forme du corps. Une partie de votre main peut exercer une pression profonde alors que l'autre effleure à peine la peau. Les muscles en état de spasme sont fermes et douloureux. Ne les confondez pas avec des os. Ici aussi, vous vérifierez l'adage qui veut que c'est en forgeant qu'on devient forgeron.

Après votre deuxième série de pétrissage d'un côté, revenez à votre position de départ et faites de même avec l'autre côté. L'extrémité de vos doigts doit longer l'épine dorsale alors que vos paumes se trouvent à l'extérieur. Pétrissez également deux fois le deuxième côté.

Comment respirez-vous ? Vos épaules sont-elles détendues ? Souvenez-vous : bougez lentement et en rythme. Si vos bras se fatiguent, rappelez-vous que vos mouvements doivent venir de votre centre de gravité.

Lorsque vous aurez terminé cette phase de pétrissage, ramenez vos mains au-dessus des fesses et placez-les l'une sur l'autre (cf. figure 13). Il s'agit maintenant d'exercer une autre forme de pétrissage tout aussi importante que la première ; votre pression pourra être encore plus forte durant cette nouvelle phase. Mais surtout ne dépassez pas le seuil de tolérance du receveur. Recommencez le même itinéraire que précédemment — également au moyen de mouvements circulaires. Une fois peut suffir mais, si vous le désirez, vous pourrez répéter cette opération. Faites preuve d'initiative durant cette phase du massage. A ce stade, vous devriez bien connaître les régions problématiques du corps que

112

vous avez devant vous. Aussi concentrez-vous surtout sur celles-ci. La raideur musculaire est surtout fréquente dans les épaules et de chaque côté de l'épine dorsale. Lorsque vous en aurez terminé avec un côté, passez donc à l'autre.

Revenez, ensuite, à la base de la colonne et placez vos pouces de chaque côté de celle-ci, faites de profonds mouvements circulaires de la taille d'une pièce de cinq francs (cf. figure 15). Remontez lentement le long de l'épine et recherchez les zones de douleur et de tension. Évitez de presser directement sur — ou sur les côtés de — la colonne vertébrale. Concentrez votre attention sur les muscles de cette région. Lorsque vous arrivez au sommet du dos, étendez vos mouvements aux grands muscles de l'épaule. N'oubliez pas de poursuivre votre massage jusqu'au sommet de la nuque. Toute cette partie du massage devrait être aussi appuyée que possible sans entraîner de douleur. Certaines personnes ne supportent pas ces mouvements. Si le receveur s'y montre particulièrement sensible, réduisez votre pression et, si besoin est, supprimez l'ensemble de cette phase.

Après cette friction, laissez parler votre instinct et faites les gestes qui vous viennent naturellement. Exprimez-vous librement. Essayez de vous « brancher » sur l'expérience du massage. Revenez à des mouvements de foulage ou de pétrissage si vous le jugez bon.

Terminez votre séance par les mêmes longs mouvements d'effleurage qui l'ont ouverte. Mais, cette fois, la pression devrait évoluer en sens inverse ; commencez par un effleurage profond et progressivement arrivez-en à un effleurage superficiel. Concentrez-vous une fois encore sur vos mains. Quelle sensation vous donnent-elles ? « Fondez » votre être dans l'expérience que vous vivez. Essayez de laisser vos mains communiquer avec les muscles qu'elles touchent. Sentez-vous le receveur répondre à vos mouvements ?

Un massage du dos devrait durer de vingt à trente minutes. Les derniers mouvements devraient être très légers et, avant de terminer, essuyez l'excédent d'huile au moyen d'une serviette.

Généralement, j'aime terminer le massage par un moment d'imagerie visuelle. Au chapitre 2 de la 3e partie, j'ai décrit la technique que j'utilise alors. Il est important de renforcer la concentration du receveur sur son corps en encourageant, chez lui, des images et des sentiments positifs. Je lui demande donc de prendre conscience de ses sentiments à l'égard de son corps et de l'image que celui-ci lui inspire. Cet aspect du massage est très important. Il donne au receveur l'occasion d'assimiler l'expérience qu'il vient de vivre et d'en retirer des leçons. Pour que le massage holistique soit efficace, des modifications doivent se produire chez le receveur. L'atmosphère créée par le massage est favorable à la concentration qui rendra possible ces modifications.

Lorsque ce moment de concentration prendra fin, quittez la pièce et trouvez-vous un endroit calme. Le donneur et le receveur devraient employer les minutes suivantes à « rentrer en eux-mêmes » afin d'assimiler totalement l'expérience.

Résumé

Vous possédez maintenant la structure de base d'un bon massage holistique. On peut la résumer comme suit :

1. *La préparation.*

2. *La concentration.*

3. *L'effleurage* (mouvements superficiels de pression croissante).

4. *Le pétrissage* (mouvements circulaires ou transversaux profonds).

5. *Une improvisation.*

6. *Une friction* le long de la colonne vertébrale et sur les endroits problématiques.

7. *Une improvisation.*

8. *L'effleurage* (mouvements superficiels de pression décroissante).

9. *Nouvelle concentration.*

Tout au long du massage efforcez-vous de respecter les composants de base de rythme, de vitesse et de pression croissante puis décroissante. N'oubliez jamais que vous êtes libre de recourir à des mouvements de foulage — ou autres — à tout moment du processus.

Contrairement aux neuf premiers chapitres de ce livre qui décrivent de nombreux procédés de préparation et de concentration, les trois derniers n'exposeront qu'une technique nouvelle. Si vous vous contentez de n'employer qu'une seule méthode de concentration, vous perdrez autant d'occasions d'étendre la conscience du receveur à d'autres niveaux. Aussi, n'hésitez jamais à conseiller quelques-uns des exercices décrits dans les premiers chapitres. Votre responsabilité, en tant que masseur holistique, est d'élargir la conscience du soi du receveur. Lui proposer certains de ces exercices vous aidera à atteindre ce but.

4

LE MASSAGE DES EXTRÉMITÉS ET DU CORPS

Les extrémités (bras et jambes)

Les extrémités diffèrent grandement du dos, tant en taille qu'en forme. Masser un bras ou une jambe est une activité plus localisée. On y trouve de grandes masses de muscles ; aussi aura-t-on plus souvent recours à la friction et au foulage. Il y a aussi plus de régions osseuses, il faudra donc se montrer plus prudent. Ces facteurs exigent du donneur une grande souplesse manuelle ; il doit pouvoir épouser facilement les contours du corps.

Masser des extrémités requiert de l'imagination pour le placement du corps. Prenez l'habitude d'utiliser des coussins à chaque fois que cela vous paraît s'imposer. N'oubliez jamais qu'une séance de massage doit être aussi confortable que possible tant pour le donneur que pour le receveur. Lorsque ce dernier est étendu sur le dos, placez toujours un coussin sous ses genoux sauf si vous lui massez les jambes.

Commencez par échauffer les extrémités en alternant effleurage et foulage. Réduisez votre pression au-dessus des os. Pour le pétrissage circulaire, placez vos mains de chaque côté de l'extrémité et dessinez vos cercles de concert. Dans certains cas vous pourrez travailler en soutenant l'extrémité traitée d'une main alors que vous masserez de l'autre. Poursuivez avec des mouvements plus appuyés — une friction et un foulage — et terminez par des manipulations superficielles de pression décroissante.

Personnellement, je préfère masser les bras lorsque le receveur est étendu sur le dos. Lorsque je travaille les jambes, je n'ai pas de préférence ; il peut être sur le ventre ou sur le dos. Essayez donc les deux positions et choisissez celle qui vous convient le mieux.

En massant les extrémités, vous avez une excellente occasion de laisser s'exprimer votre créativité et votre bon sens. Je crois vous avoir donné toutes les règles dont vous pourriez avoir besoin. Vous devez avoir confiance en vos compétences et bien comprendre l'esprit d'un bon massage ; vous pourrez alors développer votre style personnel. Je connais les manipulations qui me plaisent lorsqu'on me masse ; j'y ai souvent recours en massant les autres. Masser les extrémités et le corps — à l'exception du dos — est relativement complexe et autorise de nombreuses variantes. La forme, la taille, les régions osseuses et les difficultés à trouver, dans certains cas, une position confortable sont autant d'éléments ajoutant à la complexité de la tâche. Mais que cela ne vous empêche pas de développer vos compétences et votre confiance en vous.

Les mains et les pieds doivent être traités de manière particulière et séparément des extrémités.

Les mains et les pieds
Il existe une volumineuse littérature consacrée aux procédures et aux vertus du massage des mains et des

118

pieds. La théorie qui s'en dégage est qu'il s'y trouve des zones correspondant à divers organes. La stimulation de ces points par un massage provoque une réaction énergétique réflexe contribuant à équilibrer le flux d'énergie vers ces organes (cf. figure 16). Cette connaissance peut nous être utile de trois manières :

1. *Mesures préventives :* si les pieds et les mains sont massés régulièrement, les méridiens énergétiques seront en un état d'équilibre et d'harmonie constant et les maladies auront moins de prise sur le corps.

2. *Techniques diagnostiques :* un déséquilibre énergétique dans un organe se manifestera par une douleur dans la région correspondante du pied ou de la main *avant* que des symptômes ne deviennent apparents au niveau de l'organe proprement dit.

3. *Traitement :* lorsqu'un déséquilibre s'établit, la stimulation des points réflexes correspondant aura un effet positif et curatif sur la dysfonction manifestée. Cette approche s'apparente à celle des acupuncteurs ; on soigne un *déséquilibre énergétique* et on ne traite pas des *symptômes* comme dans notre médecine occidentale.

Vous commencerez votre massage du pied et de la main par un échauffement du membre. Si vous le désirez, utilisez un peu d'huile mais sachez que ce n'est pas indispensable. Déliez les os du pied et de la cheville.

En utilisant la partie large de vos pouces — vos mains servant à soutenir le pied ou la main — commencez par les doigts et les orteils ; massez-les soigneusement au moyen de manipulations circulaires profondes, les pouces tournant en sens opposé. Votre pression doit être forte mais toujours dans la limite de tolérance du receveur. *Chaque* centimètre du pied et de la main doit être

119

couvert avec une pression constante. Lorsque vous découvrez une région douloureuse, consacrez-y quelques secondes de massage supplémentaires. Lorsque vous aurez massé tout le pied ou toute la main, revenez quelques instants sur les zones douloureuses. N'essayez pas d'éliminer toute la douleur en une seule séance. Le massage est un processus et non pas un remède miracle. Travaillez toutes les articulations en les faisant bouger autant qu'elles le peuvent. Passez une minute à presser successivement chaque doigt ou chaque orteil. Vous stimulerez ainsi les cinq principaux méridiens énergétiques.

N'hésitez pas à masser souvent les mains et les pieds. L'avantage de ce massage particulier est que vous pouvez le pratiquer pratiquement n'importe où, même en public. C'est, de plus, l'un des massages les plus sensuels qui soit. Après une séance, vous vous sentirez bien, vos membres seront chauds et picoteront.

Prenez l'habitude de vous masser vous-même. Détendez-vous et essayez de masser votre pied. Si une personne a les pieds sensibles — si ceux-ci la chatouillent quand vous les massez — commencez par les désensibiliser en leur dispensant quelques pressions profondes du plat de la main. Ici aussi, laissez s'exprimer librement votre créativité et votre sensibilité personnelles.

La poitrine et l'abdomen

Ce sont des régions difficiles à masser. L'abdomen est doux alors que la cage thoracique est dure avec une fine couverture musculaire. Par conséquent, vos mains doivent être très souples et votre pression varier nettement d'un mouvement à l'autre.

La plupart des femmes ne sont pas opposées à un

120

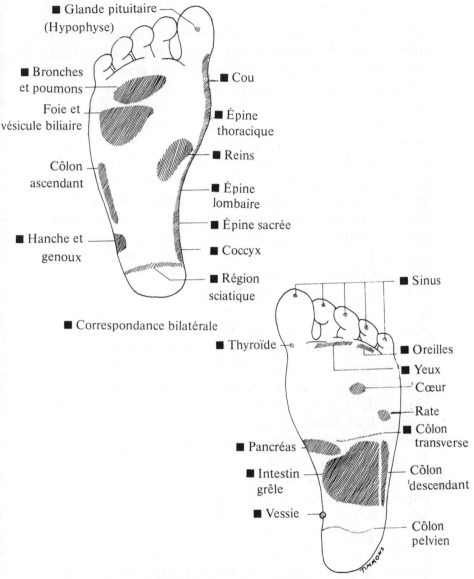

Figure 16. — **Zones réflexes des pieds.** Les régions exposées sur le schéma ne sont pas exhaustives, loin s'en faut. Remarquez que certaines correspondances se retrouvent sur chaque pied, d'autres pas.

massage de la poitrine, même si elles l'appréhendent quelque peu la première fois. Aussi, si le receveur est une femme, je lui demande toujours son accord préalable. La décision ne dépend que d'elle. N'oubliez pas que le but du massage est de favoriser la relaxation et le bien-être et non de créer l'angoisse et la tension. Si elle marque son accord, parfait ; sinon, passez à autre chose. Cependant, n'hésitez jamais à lui reposer la question en cours de massage. Le contact s'établissant et sa confiance en vous s'affirmant, elle pourra souhaiter un massage total. Personnellement, je considère que cette évolution marque un progrès significatif pour une femme timide et qu'il est de ma responsabilité de me montrer attentif à ce genre de problèmes.

Commencez par les mêmes mouvements d'effleurage que pour le dos. Après huit à douze manipulations, passez à un pétrissage circulaire plus profond et poursuivez par une friction appuyée. Pour l'estomac, j'utilise une variante que je vous recommande. Je place mes doigts juste en-dessous de la cage thoracique en position midi et je décris des cercles se déplaçant vers une heure, deux heures, etc. (soit vers l'extérieur). Une fois revenu à mon point de départ, je recommence en sens inverse (soit vers l'intérieur).

Un massage de la poitrine et de l'abdomen est une expérience très agréable tant pour les hommes que pour les femmes. Le devant du corps est beaucoup plus sensible que le dos. Il arrive que les côtés de l'abdomen et l'abdomen lui-même soient particulièrement sensibles et que certaines personnes ne supportent pas ce massage. Une fois de plus, le donneur doit se montrer attentif aux remarques du receveur. L'hypersensibilité — souvent le résultat d'appréhensions profondes —

répond mieux à une pression appuyée et à des mouvements très lents. Si le donneur réussit à gagner la confiance du receveur, celui-ci se montrera progressivement moins sensible. L'abdomen est une des régions les plus vulnérables et permettre à un tiers d'y toucher représente souvent un progrès important. Ne brusquez jamais un receveur craintif. N'essayez pas de le chatouiller et évitez les mouvements brusques. De telles surprises le mettront sur la défensive et augmenteront donc sa tension. Or, votre objectif est la relaxation et le bien-être de la personne que vous massez. Ne l'oubliez jamais.

Le visage

Le massage facial est une expérience très intime et très agréable. Il n'est pas nécessaire de recourir à des pressions profondes, les muscles du visage étant très fins. Il vaut mieux se concentrer sur des mouvements expressifs et de légères manipulations circulaires en utilisant le bout des doigts, le pouce ou la paume de la main. N'employez qu'une petite quantité d'huile pour masser le visage.

Celui-ci est riche en muscles et en alimentation sanguine mais aussi — fort souvent — en tensions. N'oubliez pas de masser les oreilles et les côtés du cou. N'hésitez pas à consacrer du temps à ce dernier. La base du crâne et les côtés du cou sont généralement une véritable « réserve » de tensions. Soyez donc très réceptif et écoutez votre instinct. Je ne le répéterai jamais assez : la créativité personnelle est un élément important du massage. Terminez par quelques manipulations longues de pression décroissante. Vos mouvements doivent être lents ; utilisez vos mains pour communiquer.

Le massage du corps

Durant toute la durée de la séance, conservez présent à l'esprit les composants de base d'un bon massage — le rythme, la vitesse et le choix d'une position confortable. Lorsque vous massez les extrémités ou l'ensemble du corps, les mouvements de base et leur séquence sont les mêmes que pour le massage du dos. Un massage de l'ensemble du corps ne devrait jamais dépasser quatre-vingt-dix minutes. Au-delà, l'expérience devient fatigante pour les deux partenaires. Il est souhaitable que le receveur se déplace un minimum. Massez donc l'ensemble d'un côté puis demandez-lui seulement de se retourner. Commencez par la partie du corps de votre choix ; il n'existe aucune priorité. L'expérience vous révélera l'enchaînement qui vous convient le mieux.

Si vous le désirez, vous pouvez être plusieurs masseurs dans le cas d'un massage de l'ensemble du corps. C'est plus agréable et plus facile. Je conseillerai également au receveur de prendre un bain chaud avant chaque séance. Cela présente l'avantage d'échauffer ses muscles et de détendre ses tissus. Le travail du donneur s'en trouve facilité et le massage en lui-même s'avère plus efficace.

Les planches anatomiques reprises dans cet ouvrage vous seront utiles dans le cas d'un massage total. Mais la théorie est moins importante que la pratique ; utilisez-les donc comme guide mais basez-vous surtout sur votre bon sens et vos ressources créatives.

Le massage est un art. Comme dans toute expression artistique il existe des outils et des procédures de base. Développez donc vos talents et votre art.

L'AME : LES EXPÉRIENCES D'UN MASSAGE HOLISTIQUE

« Je ne suis pas un professeur —
Tout au plus un compagnon de route
A qui vous avez demandé votre chemin.
Je vous ai indiqué d'aller de l'avant —
De l'avant par rapport à moi ; de l'avant par rapport à
vous. »

George Bernard SHAW.

1

LA MÉDITATION ET LA CONCENTRATION

Le massage, une forme de méditation
Le massage peut être assimilé à la méditation. Il permet à l'intellect de se concentrer sur l'action en cours, comme par exemple les mouvements rythmiques des mains et la cadence régulière de la respiration. Cette expérience peut ouvrir des canaux d'intuition à l'être profond qui renferme nos capacités curatives naturelles.

Les dimensions mystiques et psychiques du massage holistique sont des plus enrichissantes. C'est une expression dirigée vers les autres et pas seulement vers soi-même, comme les autres formes de méditation. C'est ce partage qui est enrichissant. Je considère qu'il s'agit d'une sorte d'union d'énergie entre deux personnes œuvrant dans un but commun.

Nous avons tous une source d'énergie en nous, cette petite étincelle qui donne un sens profond à notre vie. Certains parlent d'âme, d'esprit, d'autres de subconscient mais nul ne nie son existence. La majorité s'accorde à reconnaître que l'être profond est intuitif, qu'il « sait » sans le support d'une pensée consciente. Cet être profond n'a pas de limite ; il dispose d'un potentiel infini tant pour son développement que pour ses expériences ou son expression créative. Les yogis et les mystiques d'Orient affirment qu'il est possible d'atteindre cette source et de s'y fondre grâce à la méditation. Elle apaise l'esprit de sorte que nous pouvons communier directement avec notre source.

Exercice

Levez-vous, écartez légèrement les pieds afin d'avoir une bonne stabilité, les genoux fléchis. Ensuite, prenez trois longues respirations diaphragmatiques profondes. Efforcez-vous de prendre conscience de votre centre de gravité. Si cela peut vous aider, visualisez-le sous la forme d'un point lumineux ou de tout autre élément concret. Respirez donc profondément et, à chaque expiration, détendez-vous. Essayez d'imaginer ce point lumineux gagnant en volume. Concentrez votre attention et votre conscience sur ce point.

Lorsque vous aurez réussi à vous assimiler à ce point, commencez à bouger votre corps d'avant en arrière, faisant passer l'ensemble de votre poids d'un pied sur l'autre. Votre tendance naturelle sera de commander ce mouvement à partir de votre esprit et non de votre centre. J'aimerais que vous vous efforciez de l'imaginer comme étant suscité par votre centre. Sentez le mouvement naître « de lui-même ». C'est exactement ce que j'entends lorsque je vous conseille de vous fondre dans le flux du massage. Le massage, comme tout autre mouvement d'ailleurs, se produit naturellement. Tout ce que nous devons faire, c'est nous fondre dans le mouvement parfait. Bouger à partir de votre centre de gravité devrait être une action naturelle, ne demandant aucun effort.

Maintenant, les genoux toujours fléchis, avancez un pied et reculez l'autre. Balancez-vous d'avant en arrière en essayant de garder le dos aussi droit que possible. Bougez en harmonie avec votre respiration. Expirez lorsque vous déplacez votre poids vers l'avant et inspirez en le déplaçant vers l'arrière. Cet exercice est particulièrement important parce qu'il vous aidera à établir votre rythme au cours d'un massage.

Lorsque vous massez quelqu'un, efforcez-vous également de faire partir tous vos mouvements de votre centre de gravité. A chaque inspiration, visualisez l'air pénétrant profondément en vous, en favorisant son expansion et en renforçant son énergie. Durant l'expiration, visualisez cette énergie descendant dans vos bras et passant dans le corps de la personne que vous massez.

Si votre respiration et vos mouvements sont en rythme, si votre esprit est concentré, le massage deviendra une véritable méditation. Rassurez-vous : les résultats s'améliorent avec la pratique ; ceci est vrai pour toutes les formes de méditation. Plus vous développerez votre connaissance instinctive de ces flux énergétiques naturels, plus vous verrez comment les appliquer valablement à toutes vos activités physiques.

La concentration

Les techniques de concentration sont importantes pour de nombreuses raisons pratiques. Elles aident les gens à prendre conscience de leur énergie naturelle et de la manière dont celle-ci circule. Avant chaque séance, le donneur devrait suggérer des exercices de concentration au receveur afin que tous deux communient sur le même point dans l'espace et le temps. Pour que l'expérience soit vraiment épanouissante et pour qu'elle ait une réelle valeur curative, il importe que le donneur et le receveur s'impliquent pleinement. S'il est concentré, le receveur sera plus à même d'aider à réduire les spasmes et la tension musculaires au moyen d'une relaxation et d'une imagerie conscientes. Il pourra aussi identifier les zones problématiques sur lesquelles travailler tant pendant qu'après le massage. J'ai amplement discuté de la manière suivant laquelle le massage contribuait à libérer la tension émotionnelle refoulée. Ceci ne sera toutefois possible que si le receveur est suffisamment attentif pour prendre ces émotions en compte et essayer de les traiter consciemment. J'ai également parlé des profits à espérer si l'on développait une conscience de soi mais, pour cela aussi, il faut que le receveur soit concentré sur l'expérience en cours.

La concentration fait partie intégrante du massage holistique. C'est un moyen d'amener le receveur à assumer sa part de responsabilité et je suis convaincu que les effets de la concentration permettront à des changements permanents d'intervenir chez le receveur. Vous avez le choix des techniques. Celle décrite au chapitre 15 n'en est qu'une parmi d'autres. Comme en matière de massage, il y a une structure de base à suivre mais, une fois que vous la posséderez, il vous sera loisible d'élaborer votre technique personnelle. Il est toujours bon de commencer par quelques inspirations diaphragmatiques profondes — cela détend — puis d'utiliser l'imagerie ou les mots pour aider le receveur à rassembler ses esprits et son énergie. Le dernier point consiste à l'amener à concentrer son attention sur vos mains ; en le massant, vous pourrez renforcer cette attention. La pratique vous permettra de sentir quand votre parte-

130

naire est en harmonie avec vous et quand il « décroche ». S'il rompt l'harmonie, rappelez-lui de diriger son attention sur vos mains.

Après le massage, demandez au receveur de se concentrer sur son corps et sur l'image qu'il en a. Ne négligez pas cet aspect de l'expérience. C'est en fait après la séance que le receveur pourra tirer le plus de profit de ce que lui aura appris son massage holistique.

Lorsque je pratique le massage de la manière décrite dans les pages qui précèdent, je ne ressens jamais la moindre fatigue. Le temps semble suspendu et ma conscience s'envole. Lorsque vous vivez le massage comme une méditation, vous n'avez pas envie de vous arrêter. Vous souhaitez que cela dure éternellement.

2

LE DONNEUR

Le donneur peut bénéficier des aspects spirituels du massage holistique lors de chaque séance ; après un certain nombre d'expériences, il peut même éprouver un épanouissement spirituel profond. Mais qu'entend-on par là ? Je suis persuadé que nous avons tous une vision personnelle de la spiritualité. Nos définitions présenteraient sûrement de nombreuses différences mais aussi des similitudes certaines. C'est à ces dernières que je voudrais m'attacher un instant.

Nous avons tous des besoins et des désirs profonds. Certains, vitaux, sont d'ordre physique tels qu'un besoin de nourriture, d'eau et de vêtements. Nous avons également des besoins intellectuels. L'esprit réclame une stimulation et un épanouissement. Et il en est bien d'autres propres à notre être profond. Ceux-là, nous les appellerons besoins spirituels ou psychiques. Ainsi, nous sentons tous que la vie a un sens, une signification et que, dans l'ensemble universel notre petite vie personnelle, elle aussi, a quelque valeur. Nous voulons être aimés, être indispensables à quelqu'un. Nous avons besoin d'être acceptés ; nous avons besoin d'amitié. Combien d'individus ont-ils choisi le suicide parce que ces besoins essentiels n'étaient pas satisfaits ! Nous recherchons tous une sorte d'épanouissement personnel profond, une certaine harmonie, une satisfaction indépendante du monde matériel. Si ces besoins sont satisfaits, alors nous éprouvons des sentiments de joie et de plaisir. S'ils ne le sont pas, nous sombrons dans la dépression et l'angoisse.

Le massage holistique est un excellent moyen de satisfaire nos besoins essentiels. En effet, c'est une manière d'aider les autres, de nous rapprocher d'eux. Les arts médicaux, dans leur ensemble, offrent une merveilleuse occasion d'épanouissement personnel. Aider les autres nous emplit d'un sentiment profond de satisfaction. Ces sentiments ne sont pas tournés vers le corps ou l'esprit. Ils sont d'une nature plus personnelle, plus profonde : d'une nature spirituelle. Le massage holistique présente l'intérêt de concentrer l'attention du donneur et du receveur sur ces facteurs. Pour l'instant, c'est le donneur qui nous intéresse.

Aider quelqu'un à traverser une crise physique est une expérience très enrichissante. Dans un massage holistique le donneur a souvent l'occasion de voir la douleur se transformer en plaisir. Quelle satisfaction de recevoir la gratitude d'un individu à qui on a, de plus, appris à s'aider lui-même ! C'est surtout pour cela d'ailleurs que le receveur vous manifestera sa gratitude. Alors, vos besoins spirituels à tous les deux seront satisfaits. Ces importants sentiments profonds sont encore renforcés par les exercices de concentration et par le sens d'une responsabilité partagée. Le massage holistique dirige l'attention du donneur et celle du receveur vers l'« intérieur ». Les résultats sont tout simplement sidérants.

Le donneur qui développe ses capacités à traiter le corps humain reçoit souvent la visite d'un nombre sans cesse croissant d'individus venant lui demander de l'aide. Une amitié profonde se développera entre eux ; une amitié fondée sur la confiance et l'amour. Le receveur a beaucoup de choses à apporter — tant aux autres qu'à lui-même. Les séances de massage seront pour lui une source de joies inépuisable. Ces sentiments renforceront son âme de bien des manières.

La personne qui pratique régulièrement le massage holistique en retirera d'importants bénéfices spirituels. La nature même de l'expérience l'amènera à tourner fréquemment son attention vers l'intérieur de son être. Il commencera à prendre conscience de sentiments et d'énergies présentes au plus profond de lui-même. Il développera ainsi une connaissance intime de son être. Les voies que le donneur pourra emprunter à partir de ce moment sont infinies. Chacun suivra ses propres instincts. Peut-être est-ce pour cette raison que nous rencontrons tant de désaccords lorsque nous essayons de définir la spiritualité. Au moment où le donneur commence à explorer son être intérieur, il se retrouve livré à lui-même. Il ne dispose d'aucune carte pour le guider. Comment pourrait-il en être autrement ? Il s'agit d'une exploration au cœur même de l'être ; or chaque être est essentiellement unique.

Une expérience holistique

Pour tirer pleinement profit des avantages spirituels d'un massage holistique, il est bon de suivre une certaine procédure. Le donneur et le receveur doivent se concentrer *ensemble*. C'est leur concentration mutuelle et l'unicité de leur objectif qui font la différence entre un massage holistique et un massage classique. Incorporons maintenant tous les aspects développés dans ce livre en une expérience fictive mais représentative. Les techniques de concentration sont présentées comme une structure de base dont devront s'inspirer vos intuitions et votre créativité.

La séance commence généralement par une plainte...

« Oh, mon dos me torture. Je crois que j'en ai fait un peu trop hier, dit mon amie. Dick, pourrais-tu faire quelque chose pour m'aider ? Un massage peut-être ?

— Bien sûr. Allons-y. »

Nous cherchons une pièce calme et douillette et demandons à ne pas être dérangés. Le massage est un processus qui devrait se poursuivre sans interruption du début à la fin.

J'explique à mon amie que, durant le massage, nous devons tous deux nous sentir à l'aise. « Je vais me concentrer sur ton dos puisqu'il semble qu'il soit le seul à te faire souffrir. » Je lui indique une grande serviette. « Tu peux utiliser ceci pour couvrir le bas de ton corps si tu le désires. Maintenant, déshabille-toi et étends-toi sur le ventre. Si tu veux des coussins, sers-toi ; l'essentiel, c'est que tu sois dans la position la plus confortable possible. Mets-en quand même un sous ton estomac, cela soutiendra ton dos. Prépare-toi, je reviens dans un instant. »

Je vais alors me laver les mains et me concentrer avant de commencer la séance. En me lavant, je respire profondément et je détends mon corps. Je m'efforce de prendre conscience du moment présent et de me détacher de toute considération passée ou future.

A mon retour, mon amie est prête. La pièce est légèrement éclairée et il y fait chaud. N'ayant jamais massé

136

cette personne auparavant, je dois lui expliquer certaines choses. « Je crois qu'il est important que tu comprennes que je ne *donne* pas un massage. »

Mon amie a l'air surprise : « Alors, que fais-tu ici ? »

« Eh bien, je vais te masser mais tu vas devoir participer. De cette façon, tu seras autant que moi responsable des résultats que nous obtiendrons. »

Elle me regarde sidérée : « Comment pourrais-je participer au massage de mon dos ?

— En utilisant la force de ton imagination et de ta pensée consciente. Je ne veux pas que tu t'abandonnes. Efforce-toi de rester consciente de ce qui se passe et de ce que tu éprouves. Les techniques que tu apprendras aujourd'hui pourront t'être utiles plus tard si, un jour, ton dos te fait à nouveau souffrir et qu'il n'y ait personne dans les environs.

« Maintenant, étends-toi, ferme les yeux et prends quelques inspirations profondes. » A ce moment, je verse quelques gouttes d'huile dans mes mains ; je l'échauffe et je l'étends sur le dos, les épaules et le cou de mon amie. Lorsque j'en ai terminé, je pose la main droite à la base de sa colonne vertébrale et la gauche au sommet de sa tête. Cette manœuvre se fonde sur les principes de polarité et a pour but de faciliter le passage d'un flux d'énergie le long de l'épine dorsale.

« Respire maintenant profondément, trois fois de suite. En inspirant, imagine ta respiration descendant jusqu'au plus profond de ton estomac. A chaque expiration, *sens*-toi te relaxer. Laisse ton corps se fondre dans la table. »

J'harmonise ma respiration avec la sienne et je commence à sentir le courant circuler dans mes mains qui sont déjà chaudes. Une sorte d'intimité s'installe entre nous.

« Reste calme durant tout le massage. De cette façon, nous profiterons pleinement de cette expérience. Si je te fais mal, n'hésite pas à me le dire et précise-moi aussi toutes les parties particulièrement sensibles de ton dos.

« Nos corps diffusent de l'énergie. Utilise ton imagination pour sentir l'espace autour de ton corps. C'est ton espace énergétique. Essaye de sentir les énergies émanant de ton corps. Durant nos activités quotidiennes, nous nous concentrons souvent sur des choses externes. Notre attention est dirigée vers l'extérieur et il en va de même de nos énergies. En prenant conscience de ton espace énergétique, essaie de libérer toutes tes pensées extérieures, ainsi que toutes tes pensées concernant le passé ou le futur. Concentre toute ton attention sur le moment présent.

« Maintenant, utilise ton imagination pour tirer toutes tes énergies et toute ton attention lentement vers l'intérieur, vers ce que tu sens être ton centre de gravité. Imagine-le comme un point de lumière ou une source de sensations. Tes énergies et ta conscience convergeant vers ce point, sens-le grandir. Concentre toute ton attention, toute ton énergie sur ce point unique. »

Lorsque cela se produit, je sens une chaleur et un léger picotement dans mes mains. La respiration est lente et rythmée.

« Lorsque tu seras totalement concentrée sur ce point, imagine que ce centre de conscience s'élève lentement dans ton corps vers un point situé quelques millimètres au-dessus du sommet de la tête. Imagine ce point de lumière s'élargissant en un cercle de deux cen-

138

timètres à deux centimètres et demi de diamètre. Ta conscience est entièrement rassemblée dans ce cercle. » Je m'interromps un instant. « Maintenant, imagine la base de ce cercle de lumière s'ouvrant et vois la lumière descendre dans ton corps. Imagine la paume de tes mains et la plante de tes pieds s'ouvrant pour permettre à cette énergie de traverser ton corps. Sens la chaleur et le flux de ce courant curatif. Remarque les sensations de bien-être émanant de ton corps.

« L'énergie suit les pensées. Quel que soit l'endroit où tu concentres ton attention, tes énergies profondes suivront. Laisse ton énergie continuer à circuler dans ton corps et déplace le centre de ton attention vers mes mains. »

Je place mes mains au sommet de ses fesses, la position de départ pour un massage du dos.

Les raisons de cet exercice de concentration sont multiples. Tout d'abord, il sert à attirer l'attention du donneur et celle du receveur sur une pensée unique. Il permet également au receveur de rassembler toute son énergie en un point de son organisme. Sa concentration se trouvera renforcée par le fait de devoir déplacer le centre de son attention. L'esprit, concentré en une direction unique, est libre de toute pensée distrayante. Le receveur se détend et sa tension diminue déjà, avant même que le massage proprement dit n'ait commencé. L'imagerie visuelle est très importante. Nos pensées et nos sentiments véhiculent beaucoup d'énergie. Vous pouvez véritablement *sentir* l'amour ou la haine émaner de quelqu'un. Avec cet exercice, le receveur apprend des techniques qu'il pourra développer, par la suite, pour concentrer ses énergies physiques, mentales et spirituelles. Il dirigera ainsi de l'énergie et des sentiments positifs vers l'intérieur de son être.

« Pendant que je te masse extérieurement, je veux que tu te masses de l'intérieur au moyen de tes pensées énergétiques. Ta conscience concentrée t'aidera à identifier les zones de tension, et ta pensée consciente et ta relaxation t'aideront à les éliminer. Essaie aussi de prendre conscience de toute sensation, de toute émotion ou de toute image subjective qui résulteront du massage. Suis tes émotions même si elles sont tristes ou déplaisantes. N'aie pas peur de les exprimer au cours du massage. Si ton attention dévie, ramène la doucement et concentre-toi sur mes mains ».

Nous sommes, à ce stade, tous les deux concentrés, détendus et absorbés par le même point de l'espace et du temps. Je synchronise ma respiration avec la sienne et je m'apprête à commencer.

Le premier mouvement est léger, doux. Mes mains remontent le long de son dos, suivent la ligne de ses épaules et reviennent vers la nuque, jusqu'à son sommet ; finalement, je redescends le long de l'épine dorsale et je reviens à ma position de départ. Tout en inspirant pendant le mouvement en arrière, j'imagine l'énergie pénétrant dans mon corps et circulant vers mon centre de gravité. C'est de ce point que monteront tous mes mouvements durant la séance de massage. C'est véritablement comme si le massage se faisait « tout seul » ; je ne suis qu'un observateur intéressé autorisé à partager les joies du massage sans faire le moindre effort. C'est vrai que le massage n'a rien d'éprouvant quand l'esprit est bien concentré. Les mouvements vers l'avant se produisent durant l'expiration et je peux sentir les énergies circuler de mon centre, le long de mon bras et dans le corps de mon amie. Je répète ce mouvement environ douze fois, augmentant progressivement la pression à chaque manipulation.

C'est durant ces premiers mouvements que s'établissent la communication, le rythme et l'harmonie. Je peux sentir son dos s'échauffer et ses muscles se détendre. Plus elle se familiarise avec l'expérience en cours, plus elle m'accorde sa confiance. Je commence à sentir nos énergies se fondre vers un but unique. Des sentiments de joie s'éveillent en nous. Le receveur a fait le premier pas vers sa libération.

En arrivant vers la fin de cette première série de mouvements, mon esprit est libre de toute pensée et le massage commence à « couler » de lui-même. Mes mains sont devenues à la fois une partie du corps de mon amie et une extension de moi-même.

Les mouvements de la série suivante sont circulaires et appliqués avec une intensité maximum. Ceci nécessite le mouvement rythmique de l'ensemble de mon corps. Ce rythme me projette ainsi que mon amie dans un état proche de la transe. Cette deuxième série me permet de déceler les endroits douloureux et les spasmes musculaires. Mes mains parlent doucement à ses muscles et à tous les tissus de son dos les amenant à se relaxer.

J'ai l'impression de porter un casque sur la tête et mes oreilles sont pleines de bruits ; pourtant la pièce est paisible. Je me sens très léger et mes mouvements ne nécessitent pas le moindre effort. Il existe, sans conteste des niveaux de conscience divers, chacun ayant ses propres sentiments et perceptions caractéristiques. De l'état de veille normal, on peut s'aventurer à travers différents états de conscience et utiliser nos modifications de sentiments et de perceptions comme guides le long de notre chemin. Ils indiquent où nous étions et où nous allons. Et lorsque nous avons suffisamment avancé sur la route, il devient facile de trouver notre chemin.

Lorsque j'en arrive aux épaules, je leur accorde une attention toute particulière. La majorité des tensions de notre vie semble se concentrer en cet endroit et il est rare qu'un individu ait les muscles des épaules détendus et indolores. Ensuite, je travaille un moment la nuque et, lentement, je redescends le long de l'épine dorsale pour recommencer les mêmes mouvements à partir de ma position de départ.

Cette fois, j'augmente légèrement ma pression et je me concentre sur les zones de tension trouvées lors de mon premier « passage ». Au fur et à mesure qu'avance le massage, mes mains chauffent et vibrent de plus en plus. Je ne fais désormais plus la différence entre mes mains et son dos. Ma tête est légère — une sensation des plus agréables. Le massage continue de plus en plus instinctivement et de façon de moins en moins structurée. Des sentiments de paix et de contentement m'envahissent. Quelle merveilleuse sensation que de dispenser un massage !

Je sens clairement une fusion de nos énergies. Je sens quand mon amie est « avec » moi et quand elle dérive. Je sais quand elle a mal et quand elle éprouve du bien-être. Cette connaissance intime guide mes mouvements et mes actions.

« Souviens-toi : concentre-toi sur mes mains et masse-toi de l'intérieur pendant que je m'occupe de l'extérieur. Laisse tes muscles se détendre. Sens la tension quitter ton corps. Si tu sens monter en toi des émotions, donne-leur libre cours. La plupart de nos tensions sont emmagasinées dans nos émotions et elles ne disparaîtront qu'une fois que tu les laisseras s'exprimer. Laisse tomber tes défenses et fonds-toi dans l'expérience. »

Je poursuis, alors, avec des mouvements circulaires ou ce qui me paraît approprié. En travaillant les muscles, mes mains communiquent de l'amour et des sentiments chaleureux et positifs. Les muscles se détendent et laissent circuler librement le flux d'énergie curatif. Le massage n'est pas une lutte. Il doit couler librement, sans effort, tel un fleuve. Il est plus facile d'aller dans le sens du courant, que de lui résister. Essayer d'aller à contre-courant au lieu de se laisser porter par le flux naturel est déprimant. Le fleuve est plus puissant que moi, individu.

« Souviens-toi : concentre-toi sur mes mains et sur ce qui se passe en ce moment. Essaie de respirer en harmonie avec moi. » Ce n'est pas très difficile, ma respiration est désormais sourde et rythmée.

La dernière série de mouvements est semblable à la première, si ce n'est que la pression diminue progressivement. Je me sens bien ; j'« explose » de sentiments positifs. Alors que nous respirons en cadence, le flux d'énergie atteint un sommet. Pas la moindre pensée, juste une grande paix, un énorme bien-être. Mes oreilles sont emplies d'un bourdonnement intense et ma vision normale est altérée. J'ai perdu la notion du temps.

Lorsque mon dernier mouvement est terminé, j'essuie doucement l'huile avec une serviette dont je recouvre ensuite le dos de mon amie. Mes mains viennent se reposer à la base de sa colonne vertébrale et au sommet de sa tête. A ce moment, le flux d'énergie entre

143

mes mains est très puissant, suffisant pour qu'elle m'en parle par la suite.

« Maintenant, déplace le centre de ta conscience vers ce point situé au-dessus de ta tête et rétablis le flux énergétique que nous avions au début de la séance.

« Imagine les paumes de tes mains et la plante de tes pieds se refermant de sorte que l'énergie positive commence à circuler dans ton corps. Remplis complètement tes bras, tes jambes et ton torse de sorte que cette lumière s'écoule du sommet de ta tête tout le long de ton corps.

« Lorsque ceci est terminé, concentre-toi et essaie de sentir une image précise de ton corps ; sa taille, sa forme, sa densité et sa symétrie. Sens ce bien-être émanant de ton corps. Prends quelques minutes pour assimiler cette expérience et lorsque tu seras prête, tu pourras te relever et te rhabiller. »

A ce moment, je quitte la pièce pour me laver les mains et me concentrer à mon tour sur ma propre expérience. Je ferme les yeux et essaie de me resituer dans le temps et l'espace. Partout, il y a des sentiments de bonheur et de joie. Cette séance de massage holistique m'a permis de vivre une prodigieuse expérience spirituelle ; j'ai le sentiment que mon âme est entrée en contact avec une autre.

3

LE RECEVEUR
par Michaël Flavin

Jusqu'à ce que je découvre l'art et les techniques du massage holistique, je souffrais de douleurs chroniques dans le bas du dos. Après avoir consulté plusieurs spécialistes et suivi leurs prescriptions et thérapies à la lettre, je me tournai vers un ami, Richard Jackson, l'auteur de ce livre. A ce stade, le seul soulagement qu'il m'arrivait de connaître m'était dispensé par les moyens conventionnels : analgésiques et tranquillisants, qui ne faisaient jamais que masquer la douleur. Le massage réussit, tout d'abord, à réduire mes souffrances mais celles-ci ne disparurent que le jour où j'en expérimentai l'effet combiné sur mon corps, mon esprit et mon âme.

J'écris ce chapitre après avoir vécu plusieurs séances complètes de massage holistique et je puis assurer au lecteur qu'une séance unique n'est pas une garantie de bien-être total. La santé est le résultat d'un équilibre harmonieux du corps, de l'esprit et de l'âme. Le massage holistique peut affecter cet équilibre de manière très positive entraînant ainsi une guérison réelle, mais ceci ne se produit qu'après un effort répété. Ce fait est d'une importance capitale. Les autres facteurs importants pour connaître un soulagement durable des symptômes douloureux sont la confiance dans votre masseur et une conscience des principes fondamentaux du massage holistique.

Avant la première séance, Dick et moi avons passé une heure à parler des manifestations de la douleur, de sa relation avec des problèmes psychologiques qui produisaient des tensions et augmentaient l'intensité de mes sensations pénibles. Il m'expliqua qu'il n'allait pas me « donner » une série de massages mais que nous allions, plutôt, *partager* des énergies physiques, mentales et spirituelles et essayer de créer un état de bien-être dont nous pourrions tous deux profiter. Il me dit que je serais autant que lui responsable des résultats de ces séances.

Je reconnais qu'au départ j'étais assez réticent à me soumettre à ce genre de thérapie, sachant que ce que mon corps serait appelé à expérimenter était très étranger à mes concepts personnels de la thérapie physique, des techniques de massage et de l'approche médicale conventionnelle de la douleur. En dépit de cela, j'étais prêt à faire un effort puisque, de toute façon, les méthodes conventionnelles s'étaient avérées incapables de soulager ma douleur. Je voulais que ce malaise chronique disparaisse.

La première séance ne réussit pas à me soulager, pas plus que la deuxième d'ailleurs. Je n'étais pas disposé à abandonner pour autant. Je suivrais les paroles rassurantes de Dick et ses manipulations apaisantes pendant quelques séances encore. Je constatai que je concentrais de plus en plus mon attention sur ce que me disait Dick, sur ce que ses différents mouvements étaient censés accomplir, tout en m'efforçant de me souvenir qu'il fallait respirer en harmonie avec ses mouvements. Le fait de me concentrer sur ces différents éléments ne me permettait pas de prendre conscience de l'expérience dans sa totalité. Aujourd'hui, je réalise que les deux premières séances furent malgré tout bénéfiques, mêmes si elles ne soulagèrent pas ma douleur. Elles servirent à poser les fondements nécessaires à nos expériences holistiques futures.

Je me souviens des sentiments éprouvés lorsque j'apprenais à conduire une voiture. Au début, tout cela me paraissait très confus. Avec la pratique, mes réflexes devinrent de plus en plus automatiques et, maintenant, je peux me concentrer sur l'endroit où je vais plutôt que sur la façon de m'y rendre. Il en alla finalement de même avec le massage. Me concentrer, respirer en rythme, coopérer, tout cela devint un automatisme.

Avec un peu de pratique, j'en arrivai à me détendre plus facilement. C'est une des clés les plus importantes d'un massage réussi. En vous relaxant, vous découvrez un univers qui vous était jusqu'alors inconnu. Comme vous le savez maintenant, la tension provoque des spasmes musculaires se traduisant par des douleurs. Ces dernières produisent inconsciemment une augmentation de la tension qui, à son tour, intensifie le spasme musculaire, donc la douleur. Je comprends désormais que le massage holistique est un processus. Chaque séance réussie m'a appris quelque chose sur moi-même, sur mon état et la manière dont je pouvais le modifier. Il semble que chaque séance m'ait fait progresser d'un pas vers une santé totale.

Ainsi qu'il est dit dans les chapitres précédents, le massage peut ouvrir des canaux intuitifs à l'être profond, détenteur de nos capacités curatrices. Durant une expérience de massage holistique, il est indispensable de remplacer toute pensée, tout sentiment négatif, par d'autres, positifs. J'ai tendance à m'attacher aux états négatifs surgissant au cours d'une expérience. Je remarque ces états mais je ne les « relache » pas. Et puis, je constate que je peux m'en défaire et j'éprouve alors un sentiment de soulagement, comme si on m'avait déchargé d'un lourd fardeau. Le plus important est d'être honnête avec vous-même. Si vous ne libérez pas votre esprit, le massage ne sera pas complet. Il existe un « être profond » — un subconscient, si vous voulez — qui ne connaît pas de limite et peut nous offrir un potentiel d'épanouissement — tant physique que psychologique — infini. Durant le massage holistique, je sens cet être profond comme un sentiment de calme, de chaleur, de bien-être. Je sens que je forme un tout et je suis en harmonie avec moi-même et avec ma vie.

Le massage déclenche le processus curatif. L'expérience, en soi, ne « guérit » pas ; elle crée les circonstances dans lesquelles le processus de guérison peut commencer. La conscience spirituelle résultant d'un massage holistique m'aide à comprendre les causes d'une douleur particulière ou d'une zone de grande tension et c'est cette compréhension qu'il faut atteindre pour que des changements positifs et durables puissent intervenir. Cette évolution intérieure, favorisée par le massage holistique, m'emplit d'un sentiment ineffable de contentement.

Chez la plupart des gens, cette fragile conscience est occultée par des années de mécanismes psychologiques d'autodéfense qui s'enclenchent automatiquement. En faisant confiance à la personne qui vous masse, ces défenses tombent, permettant une expansion de conscience et une perte de l'ego. Maintenant, je trouve qu'il est parfaitement naturel de soupirer, de grogner ou même de pleurer durant un massage, relâchant ainsi une tension intérieure d'une manière inconsciente.

Lorsque Dick et moi vivons une expérience de massage holistique, je m'efforce désormais de pénétrer dans ce monde subliminal. En me libérant de mes pensées extérieures, je peux sentir un flux d'énergie chaleureux, une énergie qui, je le sais maintenant, est le véritable « guérisseur ». Cette sensation engendre des sentiments merveilleux en moi ainsi qu'entre Dick et moi. L'élévation de cette sensibilité unie esprit/corps/âme me permet d'identifier mes tensions cachées et d'en délivrer mon organisme. A ce stade, nous éprouvons tous deux des sentiments profonds d'amitié, d'amour, de paix et d'harmonie qui dynamisent nos sens et laissent notre sens inné de l'équilibre et du bien-être prendre la situation en mains.

A chaque séance, mon esprit pénètre un peu plus avant dans cet état ; aussi, à chaque fois, les effets s'avèrent-ils plus durables et la récurrence de ma douleur régresse. Je suis convaincu que ce livre vous aidera à découvrir la même joie, la même paix, le même épanouissement que Dick et moi avons la chance de connaître.

TABLE DES MATIÈRES

3ᵉ PARTIE

L'AME : LES EXPÉRIENCES D'UN MASSAGE HOLISTIQUE

TABLE DES ILLUSTRATIONS

Achevé d'imprimer le 10 mars 1983
sur les presses de l'imprimerie Carlo Descamps SA
à Condé-sur-Escaut. FRANCE

Numéro d'édition : CNE Section Commerce et Industrie, Monaco, 19023.
Dépôt légal : avril 1983. - Numéro d'impression 2926.